U0654594

数字化时代的教育管理创新研究

许 磊◎著

中国出版集团

中译出版社

图书在版编目（CIP）数据

数字化时代的教育管理创新研究 / 许磊著. -- 北京：
中译出版社, 2024. 6. -- ISBN 978-7-5001-8010-4

Ⅰ. G40-058

中国国家版本馆CIP数据核字第20246DL093号

数字化时代的教育管理创新研究

SHUZIHUA SHIDAI DE JIAOYU GUANLI CHUANGXIN YANJIU

出版发行 / 中译出版社
地　　址 / 北京市西城区新街口外大街28号普天德胜大厦主楼4层
电　　话 /（010）68359827, 68359303（发行部）；68359287（编辑部）
邮　　编 / 100044
传　　真 /（010）68357870
电子邮箱 / book@ctph.com.cn
网　　址 / http://www.ctph.com.cn

策划编辑 / 于建军
责任编辑 / 于建军
封面设计 / 蓝　博

排　　版 / 雅　琪
印　　刷 / 廊坊市文峰档案印务有限公司
经　　销 / 新华书店

规　　格 / 710毫米×1000毫米　　1/16
印　　张 / 11.75
字　　数 / 200千字
版　　次 / 2025年1月第1版
印　　次 / 2025年1月第1次

ISBN 978-7-5001-8010-4　　　　　　　　　定价：78.00元

在当今数字化时代，教育管理领域面临着前所未有的挑战和机遇。数字技术的快速发展和广泛应用正在深刻地改变着教育管理的方式和模式。本书旨在探讨数字化时代的教育管理创新，以期为教育管理领域的持续发展和进步提供理论指导和实践参考。

我们生活在一个数字化的时代，数字技术已经渗透到各个领域，教育也不例外。传统的教育管理模式正在被数字化的新思维所颠覆和重塑。在这个背景下，我们迫切需要深入研究数字化时代的教育管理创新，以应对新形势下的挑战，把握机遇，推动教育事业的可持续发展。

本书通过系统性地研究和深入地分析，首先探讨了数字化时代的特征以及数字技术对教育管理的影响，深入剖析了数字化时代教育管理创新的理论框架，提炼出了关键要素和流程，构建了一套全面而系统的创新模型。同时，还探讨了数字技术在学校管理、课程设计、学生评估等方面的具体应用，并提出了相应的策略和方法。

其次，教师是教育事业中至关重要的一环，因此，本书还特别关注了教师专业发展与数字化时代教育管理，探讨了数字化时代教师培训与发展，提出了提升教师专业能力的具体措施，以确保教师在数字化时代背景下能够胜任其角色。

最后，本书还对数字化时代教育管理创新的评估与质量保证进行了深入讨论，并对未来的发展方向进行了展望。希望通过本书的研究成果，能够为教育管理领域的从业者和研究者提供实用的理论指导和可行的实践建议，共同推动教育管理的创新与发展，为构建数字化时代的教育体系贡献力量。

在此，衷心感谢所有参与本书撰写和出版的专家学者们的辛勤工作和宝贵意见。希望本书能够成为数字化时代教育管理创新领域的重要参考，激发更多教育同人的思考和探索，促进教育事业的蓬勃发展。

由于作者水平有限，书中疏漏之处在所难免，恳请广大读者批评指正。

著者

2024 年 4 月

目录
CONTENTS

第一章

导　论

第一节　研究背景

一、教育数字化转型的重要意义

（一）教育数字化转型与科教兴国战略的深度融合

随着数字技术在经济社会各个领域的深度融合，教育也迎来了重大的变革和机遇。推进教育数字化转型意味着将现代信息技术充分应用于教育领域，对教育流程进行全面重构，以促进教育资源的数字化、教育模式的创新和社会治理水平的提升。

教育数字化转型的重要性在于它不仅可以解决传统教育改革中的难点问题，还可以构建更加公平、高质量的教育体系。首先，通过数字化技术的广泛应用，教育资源得以数字化、网络化，从而实现了教育资源的共享和开放。这意味着学生无论身处何地，都能够获得来自世界各地的优质教育资源，促进了教育资源的均衡配置和共享利用。其次，教育数字化转型还可以推动教育模式的创新。传统的教育模式往往局限于传统的课堂教学，而数字化技术的应用可以为教育注入更多的活力和创新。例如，借助在线教育平台和虚拟现实技术，教师可以开展更加生动、立体的教学活动，激发学生的学习兴趣和积极性。同时，数字化技术还可以为个性化教育提供技术支持，使得教育更加贴近学生的实际需求和个性化特点。最后，教育数字化转型还有助于提升社会治理水平。教育是国家的根本大计，而教育数字化转型的推进可以提升教育管理的科学化、精细化水平，为教育系统的运行和管理提供更多的数据支持和决策参考，从而实现教育治理的现代化和智能化。

（二）实施科教兴国战略的具体体现

实施科教兴国战略是党和国家事业发展的重要战略之一，其核心在于加强科学技术和教育的建设，从而推动国家整体实力的提升。在这一战略中，数字化技术与教育的深度融合被认为是其具体体现之一，其意义深远而重要。

第一，推进数字化技术在教学过程中的应用是实施科教兴国战略的重要举措之一。通过将现代数字技术引入教育教学领域，可以极大地丰富教学手段和方式，提升教育教学的效率和质量。例如，利用数字化技术，可以实现教育资源的数字化和在线共享，使得优质教育资源能够被更多地利用和共享，有助于提高教育资源的利用效率和教育的普及率。同时，数字化技术还可以为个性化教育提供技术支持，根据学生的个性和需求进行个性化的教学设计和指导，促进学生的个性化发展和全面提升。

第二，实现教育资源的数字化和个性化教育是推动科教兴国战略的重要手段之一。数字化技术的应用使得教育资源得以数字化、网络化，并且能够根据学生的个性和需求进行个性化的教学设计和指导。这种个性化教育模式有助于激发学生的学习兴趣和潜能，提升学习效果和教育质量。通过数字化技术的应用，学生可以根据自己的学习进度和能力水平进行学习，从而实现更好的个性化发展。

第三，数字化技术与教育的深度融合有助于培养具有创新能力和实践能力的综合应用型人才，为国家的现代化发展提供坚实的人才支持。现代社会对人才的需求已经从传统的知识传授转变为创新能力和实践能力的培养。数字化技术的应用使得教育教学更加贴近实践，更加注重学生的创新能力和实践能力的培养，有助于培养出更加适应社会发展需求的综合应用型人才。

二、办好让人民满意的教育的重要举措

（一）促进教育公平与提升教育质量

在新时代，教育的目标不再仅仅是让每个人都有机会接受教育，而是要实现"上好学"，即确保每个学生都能够获得优质、全面、个性化的教育。然而，要实现这一目标，就必须解决教育中存在的公平与质量问题。数字化教育转型被视为一种重要的解决途径，它能够为促进教育公平和提升教育质量提供重要的指导和支持。

第一，数字化教育转型可以通过扩大优质教育资源的覆盖面来促进教育公平。传统教育模式下，优质教育资源往往集中在一些发达地区或名校，导致了教育资源的不均衡分配，从而加剧了地区、城乡之间的教育差距。而数字化教育转型则能够通过网络化、数字化的方式，将优质教育资源覆盖面扩大到更广泛的地

区和人群，使更多的学生能够享受到优质教育资源，从而缩小地区和城乡之间的教育差距，促进教育的公平。

第二，数字化教育转型可以通过个性化学习来提升教育质量。传统教育模式下，教学往往是一种"一刀切"的模式，不能够满足每个学生的个性化学习需求。数字化教育转型则可以利用技术手段，实现对每个学生的个性化学习指导，根据学生的学习能力、兴趣爱好和学习习惯等因素，为其量身定制学习计划和教学内容，使每个学生都能够在学习过程中得到有效的指导和支持，从而提升教育的质量。

第三，数字化教育转型还可以通过培养创新能力来提升教育质量。在现代社会，创新能力已经成为人才培养的重要目标之一。数字化教育转型可以通过创新的教学方法和手段，激发学生的创新思维和创造力，培养学生的创新能力和实践能力，使其具备应对未来社会发展需求的能力。通过培养创新能力，不仅可以提升学生的综合素质，还可以推动教育的改革和发展，提升教育的整体水平和质量。

（二）引导全民终身学习的技术保障

在当今社会，终身学习已经被认定为每个人不断进步和适应社会发展的必然选择。而数字化技术的广泛应用为全民终身学习提供了重要的技术保障和支持。通过整合和优化学历教育与继续教育资源，建设数字化、网络化和终身化的教育体系，数字化技术为全民终身学习提供了重要的技术保障。

第一，数字化技术实现了教育资源的数字化和网络化。通过数字化技术，教育资源可以以数字化的形式进行存储、传播和共享，使得学习资源不再受限于时间和空间，任何人都可以随时随地获取所需的学习资源。这种便捷的获取方式大大拓展了人们的学习渠道，为全民终身学习提供了便利条件。

第二，数字化技术支持个性化学习和自主学习。通过人工智能、大数据分析等技术手段，数字化教育平台可以根据学习者的个性化需求和学习情况，为其提供定制化的学习内容和学习路径，从而更好地满足不同学习者的学习需求。这种个性化学习模式可以激发学习者的学习兴趣，提高学习效率，促进全民终身学习的实施。

第三，数字化技术还为全民终身学习提供了丰富多样的学习工具和平台。通过互联网、移动应用等数字化工具，人们可以轻松地获取各种学习资源，包括在线课程、教学视频、电子书籍等，也可以通过在线学习平台参与各种学习活动。这种便捷的学习方式不仅方便了学习者的学习，也为他们提供了更多选择的机会，从而促进了全民终身学习的普及和实施。

第二节 研究综述

一、国内外数字化时代教育管理创新研究现状

（一）国家智慧教育公共服务平台的建设与运行

在数字化时代，教育管理的创新已经成为各国教育领域的重要课题。特别是在中国，国家智慧教育公共服务平台的建设与运行标志着教育管理进入了数字化时代的新阶段。该平台于 2022 年 3 月上线运行，由教育部教育技术与资源发展中心（中央电化教育馆）主办，旨在为广大师生提供丰富的教育资源与服务。平台的建设不仅是教育数字化改革的阶段性成果，也是构建数字化、个性化、网络化以及终身化的教育体系的新篇章。通过国家智慧教育公共服务平台，教育管理部门可以更好地整合教育资源，提升教育服务水平，实现教育信息的共享和交流，从而推动教育管理的现代化和智能化。

（二）教育资源与服务的提升

数字化时代的教育管理创新不仅体现在平台建设上，还体现在教育资源与服务的不断提升上。国家智慧教育公共服务平台以"人人皆学、处处能学、时时可学"为理念，涵盖学生学习、教师教学、学校治理以及教育创新等五个方面。其中，平台上线的"中小学智慧教育""智慧职教"和"智慧高教"等模块，为各级教育提供了丰富的教学资源和服务，满足了不同层次学生和教师的学习与教学需求。此外，"国家 24365 大学生就业服务平台"的建设也为大学生提供了全时化与智能化的就业服务，为毕业生就业提供了更多元化的选择。

（三）深入开展地方院校试点

在数字化时代，地方院校也积极响应国家政策，深入开展智慧教育平台的试

点工作。教育部对于试点省份的选择十分谨慎，目前已有 15 个省份参与了试点工作，同时还有近 30 所地方院校积极参与。试点省份的积极性和应用效果受到了肯定，此次试点不仅应用国家平台资源，还建设了地方特色的优质资源，实现了国家智慧平台资源与地方特色资源的深度融合。这种地方试点的开展不仅有助于推动地方教育管理水平的提升，还为全国范围内教育管理创新提供了宝贵经验和示范。

二、研究领域的主要问题与趋势

（一）数字化时代教育管理的创新模式与方法

在数字化时代，教育管理需要面对新的挑战和机遇，因此需要探索新的创新模式与方法。随着人工智能、大数据、云计算等技术的快速发展，教育管理也面临着转型升级的压力和机遇。新型的数字化时代教育管理模式和方法主要包括以下几个方面：

第一，建立智能化的教育管理系统。利用人工智能技术，开发智能化的教育管理系统，实现教育资源的智能化调配、教学内容的个性化推荐、学生学习情况的智能监测等功能。通过人工智能算法对教育数据进行分析和挖掘，提供精准的教育决策支持，提升教育管理的科学性和效率。

第二，构建个性化的学习环境和服务平台。借助大数据技术，收集和分析学生的学习行为数据和特征，为学生量身定制个性化的学习路径和服务方案。通过建立个性化学习平台，为学生提供定制化的学习资源、在线学习辅导和学习评价，促进学生的个性化学习和全面发展。

第三，推动教育管理的数字化转型。数字化技术的应用可以实现教育管理过程的信息化、网络化和智能化。建立统一的数字化教育管理平台，整合教育资源和服务，实现教育管理的一体化和协同化。通过数字化手段，优化教育管理流程，提高管理效率和服务质量。

（二）数字化时代下的教育资源开发与共享

在数字化时代，教育资源的开发与共享是当前教育领域的重要议题。教育资源的开发不仅包括课程内容的制作和教学工具的研发，还涉及教学方法的创新和教学环境的构建。数字化技术的快速发展为教育资源的开发提供了新的可能性和机遇。通过数字化技术，教育者可以创造更加生动、灵活的教育资源，从而提高学生的学习积极性和教学效果。例如，利用虚拟现实技术可以打造沉浸式的教学体验，让学生身临其境地参与到学习中；利用人工智能技术可以实现个性化教学，根据学生的学习特点和需求提供定制化的教学内容和辅助教学工具。

同时，教育资源的共享也是数字化时代教育管理的重要内容。传统上，教育资源的开发往往是分散的、孤立的，各地区、各学校之间缺乏有效的资源共享机制，导致资源的重复建设和浪费。而在数字化时代，通过建立教育资源共享平台，可以实现教育资源的跨区域、跨学校的共享和交流。这样的共享机制不仅可以避免资源的重复建设，提高资源的利用率，还可以为广大师生提供更加丰富、多样化的学习资源。例如，一些优质的教学视频、课件、实验资料等可以通过共享平台进行互联网传播，让更多的学生受益；同时，教育者也可以在共享平台上获取到其他地区、其他学校的优秀教学资源，丰富自己的教学内容和方法。

（三）数字化技术在教育评估与监管中的应用

在数字化时代，数字化技术在教育评估与监管中的应用正日益成为教育管理的重要议题。传统的教育评估与监管方式存在着效率低、数据不准确等问题，无法满足当代教育管理的需求。数字化技术的应用为解决这些问题提供了新的途径和可能性。通过数字化技术，可以实现教育评估与监管的精准化、智能化，从而提高教育管理的科学性和有效性。

第一，建立教育数据平台是数字化技术在教育评估与监管中的重要举措之一。教育数据平台可以集成各类教育数据，包括学生的学习成绩、教师的教学质量、学校的教育资源等，实现数据的全面、实时地收集、整理和分析。通过对这些数据进行深度挖掘和分析，可以为决策者提供科学依据和数据支持，帮助他们更好地了解教育的发展状况，及时发现和解决教育管理中的问题，提高管理效率和水平。

第二，利用人工智能和大数据技术进行教育评估与监管也是数字化时代的新趋势。人工智能和大数据技术可以对海量的教育数据进行快速分析和处理，发现数据之间的潜在联系和规律，为教育管理提供更加精准、深入的洞察。例如，利用机器学习算法可以对学生的学习行为进行预测和分析，及时发现学习困难和问题，为教育部门提供个性化的干预和支持。

第三，数字化技术还可以促进教育评估与监管的信息公开和透明化。通过建立教育数据平台和在线监管系统，可以让教育管理部门、学校、教师、学生和家长等各方都能够及时获取到教育信息和评估结果，实现信息的公开和共享，增强教育管理的透明度和公信力。

第三节　研究框架与方法

一、确立研究目标与范围

在当前数字化时代，教育管理领域面临着前所未有的挑战与机遇。因此，本书旨在确立明确的研究目标与范围，以深入探索数字化时代下教育管理的创新模式与方法，并特别关注数字化技术在教育资源开发与共享、教育评估与监管等方面的应用。研究的核心目标在于通过系统性地研究与分析，揭示数字化技术对教育管理带来的影响，探索应对挑战、抓住机遇的有效策略与方法。

教育资源开发与共享是数字化时代教育管理的重要内容之一。本书将深入研究教育资源的开发与利用，探讨如何借助数字化技术，创新教育资源的开发模式，提高教育资源的质量和效率，并促进教育资源的共享与互通。同时，还将重点关注数字化时代下教育资源共享平台的建设与运营，分析其在教育资源共享方面的作用与影响。

另一方面，随着数字化时代的发展，教学质量的评估与管理成为教育改革中的关键问题。本书将探讨数字化技术在教育评估与监管中的应用现状和问题，并提出改进与优化的建议。通过研究数字化技术在教育评估中的应用，可以更加客观、全面地评价教育质量和效果。同时，数字化技术也为教育监管提供了更加精准、高效的手段，有助于提升教育管理的科学性和有效性。

二、采用的研究方法与工具

本书将综合运用多种研究方法与工具，以全面深入地探索数字化时代教育管理的创新模式与方法。

首先，将进行文献综述，系统地梳理和总结国内外关于数字化时代教育管理的相关研究成果，从中获取理论支持和启发。

其次，采用定性与定量相结合的方法，通过设计和实施问卷调查、深度访谈等方式，收集来自教育管理者、教师、学生等多方面的数据，以全面了解数字化技术在教育管理中的应用现状、问题和挑战。同时，运用统计分析软件对收集到的数据进行处理和分析，从中挖掘出深层次的信息和规律。

再次，采用案例分析法，选择并深入分析数字化时代下教育管理中的典型案例，探究其背后的原因、经验和启示，为研究提供实证支持和具体指导。

最后，利用信息技术工具，如数据分析软件和模拟仿真平台，对研究数据进行进一步的处理和分析，加深对数字化时代教育管理的理解和认识。通过综合运用这些研究方法与工具，本书旨在全面、深入地探讨数字化时代下教育管理的创新路径与方法，为教育管理实践提供科学依据和实践指导。

三、研究过程中的操作步骤与流程设计

（一）文献检索与综述

在进行研究初期，文献检索与综述是建立研究框架和确立研究方向的关键步骤。本书将首先进行广泛的文献检索，涵盖国内外学术期刊、会议论文、学位论文以及政府工作报告等各类相关文献的收集和整理工作。通过利用学术搜索引擎、数据库以及图书馆资源等途径，确保收集到的文献具有广泛的代表性和高质量的学术水平。

在获得文献之后，我们将进行系统性的综述工作。这一环节将涉及对已获得文献的逐一审读、分析和总结，以梳理和厘清数字化时代教育管理领域的理论基础、研究现状以及所面临的问题和挑战。具体而言，我们将着重关注数字化技术在教育管理中的应用情况，以及其对教育管理模式和机制的影响。同时，我们也将关注教育管理实践中所遇到的困难和挑战，例如教育资源开发与共享、教育评估与监管等方面的问题。

通过文献综述全面了解数字化时代教育管理领域的研究现状和趋势，为后续研究工作提供理论支持和参考。同时，我们也将借鉴和吸收国内外相关研究的经验和成果，以期能够在本书中取得更加深入和有价值的成果。

（二）问卷调查与实地访谈

在本书中，设计并实施问卷调查和实地访谈是为了全面了解教育管理者、教师、学生等相关人群对数字化时代教育管理的看法、态度和需求。问卷调查作为一种量化研究方法，具有覆盖范围广、数据获取快速等优点，适用于获取大量受访者的整体态度和倾向。通过设计科学合理的问卷内容和样本选择，我们可以有效地收集到受访者对于数字化技术在教育管理中的认知程度、应用情况以及面临的挑战和期望。

与此同时，实地访谈作为一种实质性研究方法，能够深入了解受访者的具体观点和看法。通过面对面的交流和深入探讨，我们可以更加直观地了解受访者的思想意识、态度情感等方面的细节信息。实地访谈不仅可以帮助我们理解受访者的观点背后的深层原因，还能够促进双方的深入交流和理解，从而获得更加真实和丰富的数据。

（三）数据整理与分析

数据整理与分析是研究过程中至关重要的一环，它将对问卷调查和实地访谈所获得的数据进行系统整理和深入分析，以揭示数字化技术在教育管理中的应用现状及其影响因素。首先，数据整理包括数据清洗、分类和整合等步骤。在数据清洗阶段，需要对收集到的原始数据进行检查和修正，删除重复、错误或不完整的数据，确保数据的准确性和完整性。接着，将数据按照一定的标准进行分类和整理，使其更加易于理解和分析。

在数据整理完成后，将进行统计分析，主要包括描述性统计和推论性统计两个方面。描述性统计主要通过计算各种统计量（如均值、标准差、频率分布等）来描述数据的基本特征和分布情况，帮助研究者对数据有一个直观的认识。推论性统计则通过假设检验、相关分析、回归分析等方法，从数据中发现潜在的关联性和规律性，为研究结果提供科学依据和可靠性评估。

在分析过程中，研究者需要结合研究目的和问题，选择合适的统计方法和工具，对数据进行深入挖掘和解读。通过对数据的细致分析，可以发现数字化技术在教育管理中的具体应用情况、存在的问题和挑战，以及影响因素和解决方案。这些分析结果将为研究提供实证支持和理论依据，为进一步讨论和探索提供重要参考。

（四）案例分析

案例分析是研究数字化时代下教育管理的重要方法之一，通过选择并深入分析典型案例，可以揭示数字化技术在教育管理中的应用情况、面临的挑战以及取得的成就。一个典型案例是中国教育部推出的国家智慧教育公共服务平台。该平台于 2022 年上线运行，旨在通过数字化技术改变传统的教育管理模式，实现教育资源的共享和优化，提升教育管理的效率和水平。

通过对国家智慧教育公共服务平台的案例分析，我们可以发现其中的原因、经验和启示。首先，该平台的建设得到了政府的高度重视和支持，具有明确的政策导向和战略部署。政府投入大量资金和人力资源，推动平台的建设和运营，为数字化时代教育管理的发展提供了有力支持。其次，该平台采用了先进的数字化技术，如人工智能、大数据、云计算等，实现了教育资源的整合和共享。通过建立统一的数据平台和服务体系，打破了各地教育资源的孤岛化，提高了教育资源的利用效率。最后，该平台注重用户体验和服务质量，不断优化平台功能和服务内容，满足用户的个性化需求。通过引入互动功能和在线服务，提升了用户参与度和满意度。

第二章

数字化时代教育管理概述

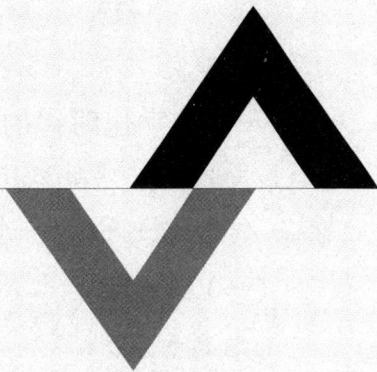

第一节　数字化时代的特征

一、数字化时代的定义与特点

数字化时代是指在信息技术飞速发展的背景下，信息和数据以数字形式广泛存储、传输和处理的时代。其特点主要包括以下几个方面。

（一）信息爆炸

1.信息量庞大

在数字化时代，信息量的急剧增长是一个显著的特征。这一现象可以追溯到信息技术的快速发展，尤其是互联网、移动通信和大数据技术的普及与应用。在数字化时代，信息不再受到物理空间的限制，而是以数字形式广泛存储、传输和处理，这使得信息的数量呈指数级增长，并且涵盖了几乎所有的领域和方面。

第一，随着互联网的普及和发展，人们可以通过各种在线渠道获取信息，包括网站、社交媒体等。这些渠道提供了大量的信息资源，涵盖了新闻、娱乐、教育、科技、商业等各个领域，使得人们可以随时随地获取感兴趣的信息。

第二，移动通信技术的普及使得人们可以通过智能手机、平板电脑等移动设备访问网络，进一步扩大了信息获取的渠道和范围。无论是在公共场所还是在家庭环境，人们都可以轻松地通过移动设备获取所需信息，使得信息的传播更加便捷和高效。

第三，大数据技术的发展也是信息量急剧增长的重要原因之一。人数据技术可以收集、存储和分析海量的数据，从中挖掘出有价值的信息和见解。这些数据涵盖了用户行为、社交网络、交易记录、传感器数据等多个方面，为人们提供了更深入、全面的信息。

2.信息获取便捷

数字化技术的广泛普及显著改变了信息获取的方式和效率。在过去，获取信息通常需要依赖于书籍、报纸、杂志等印刷媒体，以及电视、广播等传统媒体。这些媒体的信息传递速度相对较慢，且受到地域和时间的限制。然而，随着互联网的迅猛发展和数字化技术的进步，信息获取变得更加便捷和高效。

一方面，互联网的普及使得人们可以通过网络获取各种类型的信息。互联网作为一个开放的平台，为用户提供了丰富多样的信息资源，涵盖了新闻、娱乐、教育、科技、商业等各个领域。无论是搜索引擎还是网站，都可以帮助用户快速定位并获取所需信息。用户只需使用电脑、智能手机等设备连接网络，即可随时随地访问互联网，获取感兴趣的信息，这大大提高了信息获取的便捷性和效率。

另一方面，社交媒体的兴起也为信息获取提供了新的渠道。社交媒体平台已经成为人们获取信息、分享观点和交流思想的重要场所。通过关注感兴趣的账号或话题，用户可以及时了解最新的动态和信息。同时，社交媒体也为用户提供了与他人交流和讨论的平台，使得信息获取不再是单向的，而是可以与他人进行互动和交流，这进一步丰富了信息获取的方式和体验。

数字化技术的普及使得信息获取变得更加便捷和高效。互联网和社交媒体等数字化平台为人们提供了丰富多样的信息资源，用户可以随时随地通过各种设备获取所需信息，这不仅提高了信息获取的效率，也拓展了信息获取的途径和方式。

3. 信息过载问题

随着数字化时代的到来，信息量呈爆炸式增长，这一现象通常被称为信息爆炸。然而，这种信息爆炸也带来了一个严重的问题，即信息过载。信息过载是指人们在面对大量信息时，由于信息量过大，难以有效筛选和处理，导致注意力分散、效率降低，甚至造成信息焦虑和压力感。

信息过载的原因之一是信息的多样性和数量的迅速增加。随着互联网和数字化技术的发展，人们可以在网络上获取来自世界各地、各个领域的各种类型的信息，包括新闻、文章、视频、图片、社交媒体内容等。这些信息呈现出多样性、广泛性和持续性，使得人们面临着海量的信息选择。

另一个导致信息过载的原因是信息的碎片化和混乱性。随着社交媒体和移动应用的普及，人们的信息获取方式变得更加多样化和碎片化，他们可能会通过不同的平台和渠道获取信息，从而导致信息的碎片化和分散化。而且，由于信息传播的速度和频率都在不断加快，人们可能会同时面对大量信息的涌入，这使得他们很难集中注意力和处理信息。

信息过载对个人和组织都会产生负面影响。在个人层面上，信息过载可能导致注意力不集中、记忆力下降、决策困难等问题，进而影响工作和生活的质量。在组织层面上，信息过载可能导致沟通混乱、决策失误、工作效率降低等问题，进而影响组织的运转和发展。

为了应对信息过载问题，人们需要采取一系列措施。首先，个人可以通过提高信息处理能力和技能，如信息筛选、归纳、整理等，来有效应对信息过载。其次，组织可以通过建立有效的信息管理系统和机制，如信息过滤、分类、标记等，来减轻信息过载带来的影响。最后，信息生产者也应该更加注重信息质量，提供更加精准、可信的信息，以减少信息过载的发生。

（二）网络化

1. 互联网普及

互联网是指由众多计算机网络相互连接而成的全球性网络系统，是数字化时代的重要组成部分。随着信息技术的飞速发展，互联网的普及已成为数字化时代的一个显著特征。互联网的普及不仅是技术的发展趋势，更是社会的必然选择，它已经深刻影响了人们的生活、工作和学习方式。

互联网的普及程度已经达到了前所未有的高度，几乎每个人都能够轻松接入互联网。从城市到农村，从老年人到儿童，几乎所有人都能够通过手机、电脑等设备接入互联网，获取丰富多样的信息和服务。互联网的普及不仅改变了人们的生活方式，还深刻影响了社会的方方面面。

随着科技的不断进步，互联网的普及程度和覆盖范围还将继续扩大。未来，随着 5G 技术、物联网、人工智能等新技术的广泛应用，互联网将呈现出更加智能、便捷和个性化的发展趋势。这将进一步推动数字化时代的发展，为人们的生活和工作带来更多的便利性和可能性。

2. 信息传递便捷

（1）信息传递的方式

互联网的普及使得信息传递更加多样化和便捷化。除了传统的文字信息外，图片、视频、音频等多种形式的信息都可以通过互联网进行传递。这种多样化的信息传递方式使得信息更加生动、直观，更具有吸引力和感染力。

（2）信息传递的速度

互联网的发展极大地提高了信息传递的速度。现在，只需点击鼠标或触摸屏幕，就能够在几秒钟内将信息传递给全球任何一个角落的人。信息的传递速度之快，使得人们能够更加迅速地获取到最新的消息和资讯，及时了解世界的动态。

（3）信息传递的交互性

互联网的普及也使得信息传递变得更加具有交互性。人们不仅可以被动接收信息，还可以主动参与信息的传递和交流。通过社交媒体、博客、论坛等平台，人们可以分享自己的观点和见解，与他人进行实时互动和交流，形成了丰富多样的信息交流网络。

3.随时随地获取信息

（1）手机普及带来的便利

随着智能手机的普及，人们已经可以随时随地通过手机获取所需信息。无论是在公交车上、地铁里，还是在家中、办公室，只要有手机在手，就能够通过互联网获取到丰富多样的信息。这种随时随地获取信息的便利性，极大地方便了人们的生活和工作。

（2）移动应用的普及

随着移动应用的普及，人们可以通过各种各样的应用程序获取到所需的信息。无论是新闻、天气、交通、购物还是娱乐，都能够通过移动应用来获取，为人们的生活提供了极大的便利。移动应用的普及也进一步加速了信息获取的速度和便捷性。

（3）信息获取的个性化

互联网的普及还带来了信息获取的个性化趋势。通过搜索引擎、推荐系统等技术，人们可以根据自己的兴趣和偏好，获取到与自己相关的信息，实现了信息的个性化定制。这种个性化的信息获取方式，使得人们能够更加高效地获取到他们感兴趣的内容，提高了信息利用的效率和满意度。

（三）智能化

1.人工智能的应用

在数字化时代，人工智能技术得到了广泛的应用，其在各个领域的发展和应用呈现出日益增长的趋势。其中，智能搜索引擎、语音识别和图像识别等是人工智能技术的主要应用之一。智能搜索引擎通过分析用户的搜索行为和偏好，利用复杂的算法实现智能化的搜索结果推荐，使得用户能够更快速、准确地获取到所需信息。语音识别技术则通过对语音信号进行分析和处理，将语音信息转换为文本或指令，实现了人机交互的智能化，极大地方便了用户的操作和使用。另外，图像识别技术利用深度学习和神经网络等算法，能够识别图像中的物体、场景和人脸等信息，广泛应用于安防监控、自动驾驶、医疗影像诊断等领域，提高了工作效率和精准度。

人工智能技术的应用使得系统能够模仿人类智能，自动学习和适应环境，从而实现更加智能化和个性化的服务。例如，在智能搜索引擎中，通过分析用户的搜索历史和兴趣偏好，系统能够为用户推荐更加相关和个性化的搜索结果，提高了搜索的准确性和用户体验。而语音识别技术的应用则使得用户可以通过语音指令实现各种操作，如语音助手、智能家居等，极大地方便了用户的生活和工作。同时，图像识别技术的应用也为各行各业带来了便利和效率提升，例如在工业生产中，通过图像识别技术可以实现产品质检和自动化生产线的监控，提高了生产效率和产品质量。

2. 大数据的价值

大数据技术的快速发展已经成为数字化时代的重要特征之一，其在各个领域中的应用给社会和经济发展带来了巨大的变革和影响。其中，大数据的价值体现在以下几个方面。

第一，大数据技术的发展使得海量数据可以被有效地收集、存储、管理和分析。传统的数据处理技术已经无法胜任处理大规模数据的需求，而大数据技术则能够通过分布式存储和并行计算等手段，快速高效地处理海量数据，实现对数据的全面管理和利用。

第二，大数据技术能够从海量数据中挖掘出有价值的信息和知识。通过对数据的深度分析和挖掘，可以发现数据之间的关联性和规律性，从而为决策提供更加科学和全面的依据。例如，在商业领域，通过对消费者行为数据的分析，可以发现消费者的偏好和趋势，为市场营销和产品设计提供重要参考。

第三，大数据技术还能够为创新和发展提供新的机遇和可能性。通过对大数据的分析，可以发现新的商业模式、产品和服务，促进经济增长和社会进步。同时，大数据技术也为科学研究提供了强大的工具和支持，推动了科技创新和知识发现的进程。

3.云计算的普及

云计算技术的普及在数字化时代的发展中扮演着至关重要的角色。它不仅改变了传统计算模式，也为各行各业带来了前所未有的灵活性和效率。云计算的普及带来了许多重要影响和变革：

第一，云计算技术使得计算资源能够被更加灵活地调配和利用。传统的计算模式通常依赖于本地服务器或个人计算机，但随着云计算技术的发展，计算资源可以通过云端服务提供商实现共享和按需使用。这意味着用户无须购买昂贵的硬件设备，只需通过互联网即可轻松获得所需的计算能力，从而降低了成本并提高了效率。

第二，云计算为数字化时代的智能化提供了强大支撑，包括强大的计算和存储能力，为人工智能、大数据分析、机器学习等领域的发展提供了基础设施和支持。通过云计算平台，用户可以轻松地构建和部署复杂的智能应用程序，实现数据的快速处理和分析，从而为企业和组织的智能化转型提供了技术支持。

第三，云计算还促进了数字化时代的创新和发展。云计算平台为创业公司和初创企业提供了便利的技术基础设施，降低了创业门槛，加速了创新产品和服务的推出。同时，云计算也为传统企业提供了数字化转型的路径和解决方案，帮助它们实现业务流程的优化和升级，增强竞争力。

二、数字化时代对教育管理带来的新要求与变革

（一）个性化教育需求

1.个性化学习路径

在数字化时代，学生的学习需求日益多样化，他们具有不同的学习风格、兴趣爱好和学习能力。因此，教育管理面临着设计个性化学习路径的挑战和机遇。个性化学习路径的设计旨在根据每个学生的独特特点和需求，为其量身定制适合的学习内容和学习方式，从而提高学习效果和学习动力。

第一，数字化时代为个性化学习路径的实现提供了技术支持和工具。教育管理者可以利用学习分析系统和个性化学习平台，收集和分析学生的学习数据，包

括学习进度、学习偏好、学习成绩等，从而深入了解每个学生的学习情况。基于这些数据，教育管理者可以为每个学生设计个性化的学习路径，包括学习目标、学习内容、学习方法和评估方式等。例如，对于学习能力较强的学生，可以提供更深入、更广泛的学习内容和挑战性更大的学习任务；而对于学习能力较弱或学习兴趣不高的学生，则可以提供更简单、更易理解的学习内容和更有趣的学习活动，以激发他们的学习兴趣和动力。

第二，个性化学习路径的设计不仅可以提高学生的学习效果，还可以增强他们的学习动力和自信心。当学生发现自己能够在个性化的学习环境中取得成绩时，他们会更加积极地参与学习活动，提高学习自觉性和自律性。

2. 个性化学习支持

在数字化时代的教育管理中，个性化学习支持成为一项重要的服务，旨在帮助学生克服学习中的困难和问题，提高他们的学习效率和成绩。通过在线学习平台和智能教育应用程序等工具，学生可以获得针对个人学习需求量身定制的学习支持和服务。

第一，个性化学习支持服务通过在线学习平台提供学生随时随地的学习资源和辅导。学生可以在平台上访问各种学习资料，包括教科书、课件、视频讲解等，以满足其不同学科和学习阶段的需求。同时，平台还提供在线作业辅导和答疑服务，学生可以通过与教师或学习导师的互动，及时解决学习中遇到的问题，提高学习效率和学习成绩。

第二，智能教育应用程序为个性化学习支持提供了更加智能化和个性化的解决方案。这些应用程序通过人工智能和大数据技术，分析学生的学习行为和学习数据，为其提供个性化的学习建议和学习路径。例如，基于学生的学习习惯和学习进度，应用程序可以推荐适合其水平和兴趣的学习资源和学习活动，引导学生更加高效地学习。

第三，个性化学习支持的应用不仅能够提升学生的学习效率，还能激发他们的学习积极性与自信心。当学生意识到通过个性化学习支持能够克服学习中的挑战与难题时，他们会更积极地投入到学习活动中，增强学习的主动性和自律性。同时，个性化学习支持还能提升学生的自主学习能力和问题解决能力，激发他们的创新思维与实践能力，为未来的学习和成长打下坚实基础。

（二）数据驱动决策

1.教育数据收集与分析

第一，数据的收集是管理过程中的重要环节。通过各种信息系统和在线平台，可以收集用户的行为数据，包括操作习惯、绩效表现、偏好等。同时，相关人员的活动和资源使用情况也能够被记录。这些数据的收集不仅帮助管理者了解用户行为特征，还能够揭示管理流程中的问题和瓶颈，提供数据支持以优化决策和改进流程。

第二，教育数据的分析是教育管理的关键步骤。利用数据分析工具和技术，教育管理者可以对收集到的大量数据进行整理和分析，从中发现数据的关联性和规律性。例如，通过分析学生的学习数据，可以了解不同学生群体的学习特点和学习需求；通过分析教师的教学效果，可以评估教学质量和改进教学方法。这些分析结果为教育管理者提供了深入了解教育过程的机会，使他们能够更加全面地把握教育工作的方向和重点。

第三，教育数据的分析结果为教育管理的决策提供了科学依据。基于对教育数据的深入分析，教育管理者可以制定针对性的教育政策和教学计划，优化资源配置和教学安排，提高教育质量和效益。同时，他们还可以根据分析结果及时发现和解决教育管理中的问题和挑战，促进教育改革和创新。

2.数据驱动的教学改进

数据驱动的教学改进是数字化时代教育管理的重要策略之一，通过对教育数据进行分析和挖掘，教育管理者可以深入了解教学过程中的优势和不足，从而及时调整教学策略和方法，优化资源配置，提高教学质量和效率。这种方法在以下几个方面具有显著的价值和意义。

第一，数据驱动的教学改进能够客观评估教学效果。通过收集和分析学生的学习数据和表现数据，教育管理者可以客观地评估教师的教学效果，了解学生的学习状况和成绩情况，发现教学中存在的问题和不足之处。例如，可以通过学生的学习成绩数据来评估教学的有效性，发现哪些知识点或教学方法学生掌握得较好，哪些方面存在较大的提升空间。

第二，数据驱动的教学改进能够发现教学中的问题和挑战。通过对教育数据进行分析，教育管理者可以发现教学过程中存在的问题和挑战，如学生的学习困难、教学资源的匮乏等。例如，通过学生的评价数据和反馈意见，可以了解到教学过程中学生普遍存在的困惑和疑惑，从而及时调整教学策略和方法，提出针对性地改进建议。

第三，数据驱动的教学改进能够提出科学合理地改进方案。通过对教育数据的深入分析，教育管理者可以提出科学合理的教学改进方案，指导教师开展针对性地教学活动，优化课程设置和教学内容，提高教学质量和效果。例如，可以根据学生的学习数据和表现数据，为教师提供个性化的教学建议和指导，帮助他们更好地应对学生的学习需求和挑战。

3.精准化管理与服务

通过数据分析和预测建模，教育管理者可以实现对学生、教师和学校的精准管理和个性化服务。例如，通过分析学生的学习行为和学习成绩，教育管理者可以预测学生的学习需求和学习风格，制定个性化的学习计划和教学方案，提供精准的学习指导和支持。

（三）跨界融合

1.教育与信息技术的融合

在数字化时代，教育与信息技术的融合已成为教育管理的重要趋势，这一变化为教育带来了深远的机遇与挑战。这种融合不仅在提升教育质量和效率方面发挥着关键作用，还推动了教育的创新与发展。通过引入先进的信息技术工具，如人工智能、大数据分析和云计算，教育管理者能够更好地应对复杂的教育环境，进行更加精准和高效的管理。

第一，教育管理者可以利用人工智能技术对学生学习过程进行智能监控和评估。这种方法不仅提高了监控的准确性，还使得评估更加及时和有效。通过对学习行为和数据的深入分析，教育管理者能够及时发现学生在学习过程中遇到的困难和问题。这种实时反馈机制使得教师能够提供有针对性的支持与辅导，帮助学生克服学习障碍，进而提高他们的学业成绩和整体素质。

第二，在数字化时代，教育资源的共享与交流变得更加便捷和高效。通过云计算和在线教育平台，教育管理者能够快速共享优质的教学资源，如教材、课程视频、实验室资料等。这种资源的开放性不仅促进了教师之间的合作与交流，还提高了教育资源的利用效率。教师可以通过在线平台相互学习、分享经验，从而提升教学水平和教育质量。此外，资源共享还促进了跨地域的教育协作，为偏远地区的学生提供了接触优质教育资源的机会，进而推动教育公平的实现。

2. 教育与人工智能的融合

随着人工智能技术的迅速发展，教育管理者开始积极探索如何将其应用于教育的各个领域，以实现教育的智能化。这种融合为教育带来了前所未有的可能性与机遇，改变了传统教育的运作模式。

第一，人工智能为教师提供了强大的教学支持和管理服务。教育管理者可以利用人工智能技术分析教学数据，评估教师的教学效果，并及时发现教学过程中存在的问题。通过这些分析，管理者能够提供智能化建议，帮助教师改进教学方法，从而提高教育质量和效率。

第二，引入人工智能技术可以使教育管理决策更加智能化。例如，通过对教育数据的分析，教育管理者可以预测学生的学习需求和行为模式，从而制定更为科学和有效的教育政策和规划。这种智能化管理不仅能够优化教育资源的配置，还能提升教学组织的效率，确保教育资源的最大化利用。通过数据驱动的决策方式，教育管理者能够实现精准化管理，使教育服务更加贴近学生和教师的实际需求。

3. 教育与产业的融合

教育与产业的深度融合，已成为推动教育创新的重要动力。通过与各类企业的合作，教育管理者能够获得丰富的资源和支持，从而提升教育质量和效果。

第一，教育管理者可以与科技企业合作开发先进的教育技术，提供多样化的学习体验。例如，与人工智能企业合作开发智能教学系统，可以实现更为精准的学习辅导与支持。这种合作不仅为学生提供了创新的学习工具，也为教师提供了更有效的教学手段，推动了教育模式的转变。

第二，互联网企业拥有丰富的用户数据和技术资源，教育管理者可以借此进行教育数据分析与教学管理。这种合作关系为教育管理者提供了更广泛的视野，帮助他们在教育教学中更好地运用数据分析，优化教学资源配置。同时，借助互联网企业的平台，教育管理者可以开展在线教育和远程教学，满足不同地区和群体的教育需求。

第二节　数字技术对教育管理的影响

一、提升教学质量

（一）个性化学习体验

1. 个性化学习计划

个性化学习计划是现代教育管理中一项重要的创新成果，它依托数字化技术与智能化平台，为学生量身定制学习路径。这种个性化的学习计划不仅增强了学生的自主学习能力，还提升了学习的针对性与效果。

第一，智能化学习平台的应用使得教育管理者可以更加灵活地为学生设计个性化的学习计划。这些平台基于大数据分析与人工智能技术，通过收集和处理学生的学习数据，自动生成适合每个学生的学习路线图。通过对学生的学习进度、兴趣爱好、学习风格以及学科成绩等多维度数据的分析，系统能够识别出每个学生的个性化需求。智能化平台不仅仅是工具，更是一种动态的学习管理系统，它能够持续追踪学生的学习轨迹，及时调整学习计划，从而确保学生的学习进程与个人目标保持一致。例如，某些学生在某个学科表现出明显的优势，平台会自动为其设计更具挑战性的学习内容，而对于某些在某个领域存在困难的学生，系统则会推送相应的补充资源和复习内容。

第二，智能化平台的另一个核心功能是为学生设计清晰的学习目标和路径。学习计划不仅是简单的时间表，更是一个涵盖学习目标、阶段性任务、学习资源等综合性规划。通过精确分析学生的历史成绩和未来发展需求，平台可以帮助学生设定合理的学习目标，并根据这些目标生成详细的学习路径。这种路径并非一成不变，而是根据学生的实际学习表现实时调整。例如，在学生完成某项任务时，系统会自动推送下一步的学习任务，或者调整现有的学习计划，以便学生能够更加高效地掌握知识。

第三，学习路线图的设计是个性化学习计划的核心。教育管理者通过大数据分析和学生评估来了解学生的学习需求和现状，从而为其制定个性化的学习路径。这样的学习路线图不仅为学生提供了清晰的学习方向，还使他们能够以更有针对性的方式进行学习。个性化学习计划与传统的教学模式不同，它不再是单一的、线性的学习路径，而是根据学生的学习特点和学术水平进行动态调整。例如，一个擅长科学学科的学生可以被引导深入某些高级课程，而对于在某些学科有欠缺的学生，路线图可以增加复习内容，帮助其弥补不足之处。

第四，个性化学习路线图的设计还涉及对学生学习方式的深入理解。不同的学生拥有不同的学习偏好，有些学生可能更适应于通过阅读和分析文本材料学习，而另一些学生可能更倾向于视觉学习，依赖视频或互动式教学资源。通过智能化平台，教育管理者可以获得每个学生的学习风格数据，并将其应用于学习路线图的设计中。这样，学生不仅能够获得适合自己学习风格的内容，还能通过量身定制的学习计划提升学习体验和效果。例如，对于喜欢视觉化内容的学生，系统可以推送更多的视频教程和图表信息，而对于依赖文本的学生，系统则提供丰富的文档和分析材料，确保每个学生都能找到最适合自己的学习方式。

第五，个性化学习计划的成功实施，还依赖于教育管理者和教师的有效支持。虽然智能化平台提供了数据分析和学习路线图的自动生成功能，但教师的角色仍然至关重要。教师可以根据平台提供的个性化数据，对学生进行个别指导和实时反馈，从而增强学习计划的针对性和适应性。个性化学习并不意味着放任学生自行安排学习，而是通过技术手段和教师的共同支持，确保每个学生都能在其独特的学习路径上得到有效的引导和支持。

2. 学习资源推荐

数字化技术在教育中的应用已经大大提升了教学效率和学习体验，而学习资源推荐是其中一项重要功能。学习资源推荐不仅为学生提供了便捷的学习路径，还通过智能化分析实现了学习资源的个性化推送。这种推荐机制的核心在于对学生学习行为的分析和个性化需求的满足，它通过数字化平台对学生的学习数据进行细致分析，进而提供定制化的学习资源。

第一，学习行为分析是学习资源推荐的基础。通过学习分析系统，数字化技术可以捕捉和跟踪学生的学习行为，包括学习时间、学习内容、学习进度等方面的数据。系统能够通过学生在学习平台上的交互行为，详细记录下他们的学习习惯，例如哪段时间学习效率最高，哪些类型的课程或资源学生参与度更高。这种数据的积累和分析有助于形成学生的学习画像，为后续的学习资源推荐提供参考依据。通过对这些行为数据的深入挖掘，学习分析系统不仅能够描绘出学生的当前学习状态，还可以预测未来的学习需求。例如，系统能够根据学生的学习轨迹，识别出他们在某些学科上的薄弱点，并推断出他们在接下来的学习中可能需要的资源类型。更重要的是，系统还可以识别出学生的学习兴趣和偏好，例如是否更倾向于通过视频学习、阅读文献，还是参加互动式讨论。通过这些数据，教育者不仅可以更清晰地了解学生的学习模式，还能为每个学生设计更加符合其需求的学习路径。

第二，基于学习行为分析的结果，数字化技术能够实现个性化的学习资源推荐。这种推荐机制不仅是对现有教学资源的有效利用，更是一种推动学生主动学习的重要手段。系统可以根据学生的学习偏好和学习进度，推送符合其需求的学习资源，例如定制化的教材、精选的视频教程、以及相关的在线课程。个性化学习资源推荐不仅停留在表面的兴趣匹配层面，更可以通过深度学习算法分析学生的认知模式，从而推荐最适合其学习风格的资源。例如，某些学生在视觉学习上表现得更为出色，他们可能更偏向于使用视频、图表等形象化的学习材料；而另一些学生则可能更喜欢阅读文字材料或参与讨论。系统通过对这些学习风格的精确识别，能够针对性地提供不同类型的学习资源，从而有效提升学习的效率和质量。

第三，个性化推荐不仅局限于推荐教材和视频资源，系统还能够根据学生的学习行为，推荐相关的学习路径。例如，系统可以根据学生的学科进度，自动生成适合其学习的进阶课程，并在课程结束后推荐相关的高级课程或补充材料，帮助学生在知识的广度和深度上都能够不断拓展。这种动态的学习路径设计能够大大提高学生的学习体验，使他们在学习过程中感受到持续的进步和挑战。个性化学习资源推荐的另一个重要优势是能够帮助学生识别和弥补学习中的薄弱环节。通过对学生学习行为和成绩的分析，系统能够快速识别出学生在哪些知识点上存在不足，并自动推送相关的复习材料和补充练习。这种智能化的学习反馈机制，不仅能够帮助学生更加高效地进行自主学习，还能够减轻教师的工作负担，使教学资源得到更加合理的配置。

（二）交互式教学方式

1. 多媒体教学

（1）利用数字化素材

数字化技术为教师提供了丰富多样的数字化素材，包括图像、音频、视频等资源。教师可以通过利用这些素材，设计生动有趣的教学内容，使学生更加直观地理解和掌握知识。例如，通过展示精美的图片、播放生动的视频，教师可以吸引学生的注意力，激发他们的学习兴趣，从而提高课堂效果和吸引力。

（2）视听感知的激发

多媒体教学可以有效激发学生的视听感知，帮助他们更好地理解和记忆知识。通过视觉和听觉的双重刺激，学生能够更加直观地感知和理解教学内容。例如，通过播放富有节奏感的音频、展示生动的图像，可以使学生更加深刻地体会到所学知识的重要性和应用场景，从而提高学习效果。

2. 虚拟实验室

（1）实践探索的机会

数字化技术为学生提供了虚拟实验室的学习环境，使他们能够进行实践探索。通过虚拟实验平台，学生可以在模拟的实验环境中进行实验操作和观察，探索科学现象和规律。这种实践探索的机会能够帮助学生巩固所学知识，培养实验设计和数据分析能力，提高他们的科学素养和实践能力。

（2）安全便捷的实验环境

虚拟实验室不仅能够节约实验资源和成本，还能够提供更加安全和便捷的实验环境。学生可以在不受时间和地点限制的情况下进行实验操作，避免了实验过程中可能出现的安全隐患。同时，虚拟实验环境还能够模拟各种实验场景，使学生能够在多样化的实验环境中进行探索和学习，提高了学习的灵活性和多样性。

二、优化教育资源配置

（一）教育资源共享

1. 在线教育平台

在数字化时代，在线教育平台成为教育资源共享的重要载体，为教育管理者提供了便捷的途径来实现教育资源的数字化整理、存储和共享。这些在线平台充当了教育资源的集散地，汇集了各类教学资源，包括课件、教学视频、试题库等，使这些资源可以被广大师生随时随地获取和利用，极大地提高了教学资源的利用效率和便捷性。

第一，通过在线教育平台，教育管理者可以将各类教学资源进行数字化整理和存储。这些资源可以包括教师精心制作的课件、录制的教学视频、设计的在线练习题等。这些资源经过数字化处理后，可以方便地被存储在线平台的服务器上，成为一个可供访问的教育资源库。

第二，在线教育平台为教师和学生提供了便捷的访问途径。教师可以通过在线平台上传自己制作的教学资源，与其他教师分享经验和教材。学生则可以通过在线平台查找所需的学习资料，观看教学视频，进行在线练习和作业提交等。这种便捷的访问方式不仅节省了师生们前往实体教室或图书馆的时间，还大大提高了资源的利用效率。

第三，在线教育平台还为教育管理者提供了便捷的管理工具。通过在线平台的后台管理系统，教育管理者可以实时了解教学资源的使用情况、下载量等数据信息，从而为资源的更新和优化提供科学依据。同时，教育管理者还可以通过在线平台对教学资源进行分类、标注和推荐，使资源的检索和利用更加智能化和个性化。

2.教育资源共享模式

教育资源共享模式是数字化时代教育管理的重要策略之一，其旨在通过共享和互联网技术的应用，使教育资源得以充分利用和优化配置，避免资源的重复建设和浪费。这种模式的实施可以有效地促进教育资源的均衡分布，提高资源利用效率，进而推动教育事业的发展和提升。

第一，教育资源共享模式通过互联网技术实现了教育资源的跨区域流动和共享。在过去，由于信息闭塞和交通不便等因素，各地区和学校之间的教育资源难以进行有效的交流和共享。而随着互联网技术的普及和发展，教育资源可以通过网络平台进行数字化整理和存储，随时随地进行访问和利用。这种跨区域共享的模式打破了地域限制，使得教育资源得以流动，为各地区的师生提供了更加丰富和优质的教育资源。

第二，教育资源共享模式可以促进教育资源的优化利用。在资源共享的模式下，各地区和学校可以共享彼此的优质教学资源，避免了资源的重复建设和浪费。例如，一些高质量的教学视频、课件、实验室设备等可以在不同学校之间进行共享和借用，提高了资源的利用效率，降低了资源的采购成本。这种优化利用的模式有助于实现教育资源的高效配置，满足不同地区和学校的教育需求。

第三，教育资源共享模式还可以促进教育质量的提升。通过共享和交流，各地区和学校可以获取到更多的优质教学资源和教育理念，借鉴和学习其他地区的成功经验，从而不断提升教育质量和水平。例如，一些教学方法、课程设置等可以在不同地区之间进行交流和分享，促进了教育的创新和进步。这种知识和经验的共享有助于构建更加完善和健康的教育体系，推动教育事业的可持续发展。

（二）智能化资源管理

1. 大数据分析

（1）数据挖掘

随着数字化技术在教育领域的广泛应用，数据挖掘成为教育管理中的重要工具，通过对教育资源进行全面的数据分析和挖掘，可以为教育决策提供科学依据和指导。教育资源的有效利用和合理配置对于提高教育质量和效率至关重要。因此，了解教育资源的使用情况和受众需求成为教育管理者必须面对的重要任务。

第一，数据挖掘技术可以帮助教育管理者深入了解教学资源的实际利用情况。通过分析教学资源的使用频率、下载量、观看时长等指标，可以清晰地了解到哪些资源受到学生或教师的欢迎，哪些资源较少被使用。这些数据可以为教育管理者提供关于教学资源受欢迎程度的客观评价，指导其针对性地调整教学资源的内容和形式，提高资源的吸引力和实用性。

第二，数据挖掘技术可以帮助教育管理者发现教学资源的潜在问题和改进空间。通过分析用户对教学资源的评价、反馈以及使用过程中的行为数据，可以发现资源的不足之处和存在的问题。例如，如果某个教学资源的观看时长较短，可能意味着其内容不够吸引人或者存在理解难度，教育管理者可以据此调整资源内容或者提供相应的辅助说明。这种基于数据挖掘的问题识别和改进措施制定，有助于提高教学资源的质量和有效性。

第三，数据挖掘技术还可以为教育管理者提供对教育资源未来需求的预测和规划。通过建立预测模型，分析历史数据和趋势变化，可以预测未来一段时间内教育资源的需求量和结构变化。这种预测能力有助于教育管理者合理安排资源更新和调整计划，确保资源的供给与需求相匹配，避免资源的浪费和短缺。

（2）趋势分析

通过大数据分析，教育管理者可以进行趋势分析，以了解教育资源的需求趋势和变化规律。这种趋势分析基于历史数据的观察和分析，能够揭示资源使用的季节性、周期性等规律，从而帮助预测未来资源需求的变化趋势。这种趋势性的洞察对于教育资源的合理配置和管理至关重要，可以为教育管理者提供科学依据和决策支持，以确保资源的供给能够满足教育需求。

一方面，趋势分析可以帮助教育管理者发现资源使用的季节性规律。在教育领域，资源的需求往往受到学年、学期等时间因素的影响，季节性需求变化较为明显。通过对历史数据的分析，可以发现某些资源在特定季节或时间段的需求量明显增加或减少的趋势。例如，学生在期末考试前可能对相关学习资源的需求会增加，而放假期间可能会减少。这种季节性的需求变化可以帮助教育管理者合理安排资源的供给和更新计划，以满足不同时间段的需求。

另一方面，趋势分析还可以揭示资源的周期性变化规律。在教育领域，某些资源的需求可能会受到周期性因素的影响，如学生年级变化、课程周期等。通过对历史数据的观察和分析，可以发现资源需求随着周期性因素的变化而呈现出周期性的波动。例如，某种教学辅助工具可能在每个学年度开始时需求量较大，而在学年末则逐渐减少。这种周期性变化的趋势分析有助于教育管理者在资源配置和更新方面做出更加精准的决策，避免资源的浪费和短缺现象。

2.预测模型

（1）基于历史数据

建立预测模型是教育管理中重要的决策支持手段之一，其基础在于历史数据的收集、整理和分析。通过收集和整理历史的资源使用数据，可以为教育管理者提供关于未来教育资源需求的预测和规划依据。这种基于历史数据的预测模型不仅可以揭示资源需求的总体趋势，还可以发现资源需求的季节性、周期性等规律，从而为资源的投入和配置提供参考和指导。

第一，历史数据的收集和整理是建立预测模型的基础。教育管理者需要收集和整理历史的资源使用数据，包括教材、教具、设备等各类教育资源的使用情况和变化趋势。这些历史数据可以涵盖多个时间段，以便更全面地了解资源需求的变化情况。

第二，通过对历史数据的分析和趋势分析，可以发现资源需求的规律和特点。例如，可以发现资源需求是否存在季节性波动、周期性变化等特征，以及不同资源之间的相关性和影响因素。通过这种分析，可以为建立预测模型提供重要的参考依据，确定模型的输入变量和预测指标。

第三，基于历史数据的预测模型可以采用各种统计方法和机器学习算法进行建模和训练。例如，可以使用时间序列分析、回归分析、神经网络等方法，根据历史数据的特点和规律建立相应的预测模型。这些模型可以用来预测未来一段时间内教育资源的需求量和结构变化，为教育管理者提供决策支持和参考。

第四，基于历史数据的预测模型需要进行验证和调整，以提高预测的准确性和可靠性。教育管理者可以利用历史数据进行模型验证和测试，评估模型的预测能力和稳定性，并根据实际情况对模型进行调整和优化，以确保预测结果的有效性和可信度。

（2）智能决策支持

智能决策支持是教育管理中利用预测模型的关键应用之一，其核心在于根据实时数据和趋势分析提供智能化的资源配置建议，从而帮助教育管理者更有效地应对资源需求的变化，提高资源利用效率，推动教育的可持续发展。

第一，预测模型作为智能决策支持的基础，能够利用历史数据和趋势分析得出未来资源需求的预测结果。这些预测结果不仅可以提供资源需求量的估计，还能够预测资源需求的类型、时间等方面的变化趋势。通过这种智能化的决策支持，教育管理者可以及时了解资源需求的情况，制定相应的资源配置方案，以确保资源的合理分配和利用。

第二，在智能决策支持的过程中，预测模型可以根据实时数据进行动态更新和调整，以反映当前的资源需求情况。通过不断地监测和分析数据，预测模型可以及时捕捉到资源需求的变化趋势，为教育管理者提供最新的决策支持信息。这种实时性的智能决策支持能够帮助教育管理者做出及时、准确的决策，应对不断变化的资源需求，保障教育工作的顺利进行。

第三，智能决策支持还可以通过优化资源配置，提高资源利用效率，从而实现教育的可持续发展。通过预测模型提供的智能化建议，教育管理者可以更加合理地配置资源，避免资源的过剩或短缺现象，从而提高教育资源的利用效率，实现教育工作的长期可持续发展目标。

三、促进教育改革创新

（一）教学模式创新

1.在线教育和远程教育

（1）教学资源的数字化

教学资源的数字化是数字化时代教育的重要特征之一，它通过利用数字化技术将教学内容、学习资料和课程资源转化为数字形式，为学生提供了全新的学习方式和学习体验。在线教育和远程教育是其中最典型的应用之一，它们利用互联网和数字化平台将教学资源数字化处理，从而实现了教学内容的随时随地获取和学习的便捷性。

第一，在线教育和远程教育的发展使得学生不再受制于传统面授教育的时空限制。学生可以通过互联网平台随时随地访问课程内容、学习资料和视频课程，无论是在家中、图书馆还是咖啡厅，都能够获取到所需的教育资源。这种灵活的学习方式使得学生可以根据自己的时间和地点安排进行学习，大大提高了学习的便捷性和灵活性，有助于满足不同学生的学习需求和生活习惯。

第二，教学资源的数字化为教育提供了更多元化的学习内容和形式。通过数字化处理，教学资源可以以多种形式呈现，包括文字、图片、音频、视频等，丰富了学习的内容和形式。学生可以通过在线教育平台获取到丰富多样的学习资源，包括教科书、课件、教学视频、在线课程等，从而更加全面地理解和掌握知识。这种多样化的学习资源有助于激发学生的学习兴趣，提高学习的积极性和主动性。

第三，教学资源的数字化还促进了教学内容的更新和共享。数字化教学资源可以轻松地进行更新和修改，及时反映最新的教学理念和研究成果。同时，数字化平台也为教师之间的教学资源共享提供了便利条件，教师可以通过在线平台分享自己制作的教学资料和课程内容，促进了教学资源的共享和交流，提高了教学的效率和质量。

（2）弹性学习时间

在线教育和远程教育的兴起为学生提供了更加灵活的学习时间安排，这种弹性学习时间的特点在数字化时代的教育中愈发凸显。传统的面授式教育通常要求学生按照固定的课程时间表上课，这可能与学生的个人生活和学习节奏不完全匹配，导致学习效率下降。然而，随着在线教育和远程教育的发展，学生可以根据自己的时间安排和学习节奏，自主选择学习时段和学习速度。

第一，这种弹性学习时间的优势在于它能够更好地适应学生的个体差异，满足不同学生的学习需求和节奏。每个学生都有自己的生活习惯、学习偏好和学习节奏，而传统的面授式教育往往无法完全考虑到这些个体差异。而在线教育和远程教育则为学生提供了更多自主选择的空间，他们可以根据自己的时间安排，在任何时候选择进行学习，无论是早晨、下午还是晚上，都可以找到适合自己的学习时间段。这样的学习模式不仅有利于学生更好地掌握学习节奏，提高学习效率，还能够减轻学生的学习压力，提升学习的舒适度和愉悦度。

第二，弹性学习时间还为那些有特殊学习需求或学习障碍的学生提供了更多的支持和帮助。对于那些需要额外时间来理解和消化知识的学生，弹性学习时间可以给予他们更多的学习时间和空间，让他们以更悠闲的节奏进行学习，从而更好地掌握知识。对于那些有其他学习或生活责任的学生，如兼职工作者、家庭主妇或远程学习者，弹性学习时间也能够让他们更好地平衡学习和其他责任，更灵活地安排学习时间，实现学习与生活的有效结合。

2.教学内容和方法的现代化

（1）多媒体技术的应用

数字化技术的不断发展为教育领域带来了许多新的可能性，其中多媒体技术的应用在教学内容的现代化中扮演着至关重要的角色。多媒体技术以其丰富的表现形式和多样的呈现方式，极大地丰富了教学的形式和内容，为教学过程注入了新的活力和动力。

第一，通过数字化技术和多媒体技术的结合，教师可以利用图像、音频、视频等多媒体形式，将抽象的知识内容转化为形象化、具体化地展示，从而使得学习更加生动和有趣。这种多媒体形式的教学不仅能够吸引学生的注意力，提高学生的学习兴趣，还能够激发学生的思维，促进他们对知识的深入理解和掌握。

第二，多媒体技术还为教学提供了更多的灵活性和个性化的选择。教师可以根据不同学生的学习特点和需求，灵活地选择适合的多媒体教学资源，为学生提供个性化的学习体验。例如，对于视觉学习者，可以利用图像和图表进行教学；对于听觉学习者，可以通过音频讲解进行教学；对于动手能力较强的学生，可以通过互动式的多媒体教学软件进行学习。这种个性化的多媒体教学方式有助于满足不同学生的学习需求和学习风格，提高教学的针对性和效果。

（2）个性化学习和自主学习

数字化技术在教育领域的发展为个性化学习和自主学习提供了广阔的空间和可能性。个性化学习是指根据每个学生的学习需求、兴趣爱好、学习能力等因素，量身定制学习计划和学习资源，使得学习更加贴近个体需求，提高学习效果和学习动力。自主学习则强调学生在学习过程中的自主选择、自我管理和自我反思，培养学生的学习兴趣和学习能力，提高其学习的自觉性和主动性。

第一，通过智能化的学习系统，个性化学习和自主学习得到了有效支持和促进。这些系统利用先进的数据分析和人工智能技术，根据学生的学习历史、学习行为、能力水平等信息，为每个学生量身定制学习计划和学习资源。例如，智能学习系统可以根据学生的学科成绩、学习偏好和学习节奏，自动生成个性化学习路线图，包括学习目标、学习内容、学习资源等，帮助学生更好地规划学习路径。同时，这些系统还可以根据学生的学习情况和需求，智能推荐适合的学习资源和学习活动，帮助学生更加高效地学习和掌握知识。

第二，个性化和自主学习的实践有助于提升学生的学习兴趣和动力，同时改善学习成果。通过自主选择学习的方式和方向，学生不再局限于传统课程和教学模式的框架之内。他们可以根据兴趣深入研究特定领域，充分开发自己的潜力，实现个人目标。这种学习模式还能够提高学生的自律能力和独立思考能力，增强其在未来社会中的适应性和竞争力。

（二）管理流程优化

1. 信息化系统的应用

随着信息技术的发展，教育管理者越来越倾向于引入信息化系统和智能工具，以实现教务管理、教学评估、学生管理等方面的自动化和智能化。统一的教务管理系统是数字化时代的一个显著特征，它将课程安排、学生考勤、成绩管理等工作整合到一个平台上，实现了集中化和规范化的管理。通过这一系统，管理者可以实时监控课程安排，追踪学生考勤情况，管理成绩等，从而大大提高了管理效率和工作质量。

信息化系统能够有效地进行数据收集、存储和处理，支持各类教学和管理活动。教务管理系统可自动记录学生的选课、学习进度和成绩，帮助管理者及时掌握学生的学习情况，便于进行针对性的指导和干预。此外，教学评估系统对教学过程和效果进行全面评估与分析，为改进教学提供可靠的数据支持。这样的智能化评估方式能够发现教学中的问题，推动教育质量的不断提升。

在学生管理方面，信息化系统同样带来了便利。学生信息管理系统可以统一管理学生的个人信息、学习情况、行为记录等，帮助学校更好地了解学生的全方位表现，并为他们提供个性化的服务和支持。同时，该系统也有助于加强校园安全管理，确保校园环境的安全与稳定。

2. 智能化工具的运用

数字化技术的快速发展使得智能化工具在教育管理中的运用愈发普及，这些工具的应用为教学和学习过程带来了深刻的变革和提升。其中，大数据分析技术和预测模型的运用成为教育管理中的一大亮点。通过对学生的学习情况和成绩进行数据分析，教育管理者可以全面了解每个学生的学习状态和潜在问题，进而有针对性地制定个性化的教学计划和学习指导方案。这种个性化的教学方法能够更好地满足学生的学习需求，提高教学效果和学生的学习动力。

第一，大数据分析技术的应用还可以帮助教育管理者更好地了解教学过程中的问题和挑战，从而及时调整教学策略和资源配置，优化教学效果。通过对教学数据的挖掘和分析，教育管理者可以发现教学中的优势和不足之处，制定针对性地改进措施，提升教学质量和效果。

第二，智能化工具还为学生提供了智能化的学习辅助和指导。例如，智能教育应用程序可以根据学生的学习需求和学习进度，推荐适合的学习资源和学习方法，提供个性化的学习建议和辅导。这种智能化的学习支持能够帮助学生更加高效地学习，提高学习效果和学习动力。

第三，智能化工具的运用为教育管理带来了巨大的变革和提升。通过大数据分析技术和预测模型的运用，教育管理者可以更好地了解学生的学习情况和教学效果，从而制定更加科学和个性化的教学方案。同时，智能化工具的应用也为学生提供了更加个性化和智能化的学习支持，促进了教育的智能化发展。

第三章

数字化时代教育管理创新模型

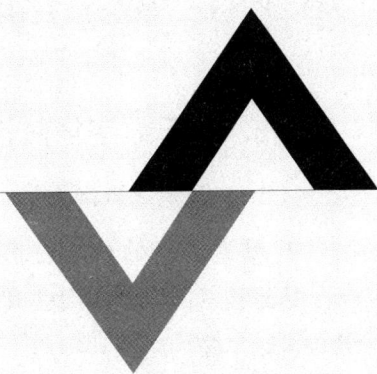

第一节　数字化时代教育管理创新的理论框架

一、基于数字化时代特征的教育管理创新理论探讨

（一）信息化教育管理

1. 信息技术的广泛应用

信息技术的广泛应用已成为当今信息化时代教育管理中的重要特征，为教育管理带来了新的机遇和挑战。在数字化、网络化和智能化的趋势下，教育管理者能够利用各种信息技术工具和平台，对教育资源进行更为高效地管理和利用。

第一，信息技术的广泛应用推动了教育资源的数字化和网络化。传统的教育资源如教材、课件、试题等，通过数字化技术可以以电子形式存在，使其更易于存储、传输和分享。

第二，信息技术的广泛应用促进了教育管理的智能化和自动化。借助人工智能、大数据分析等技术，教育管理者可以对学生学习行为、教学效果等数据进行深入分析，发现规律和趋势，为教育决策提供科学依据。智能化的教育管理系统可以自动化地处理教务、学籍、课程等管理事务，提高管理效率和工作质量，减轻教育管理者的工作负担。

第三，信息技术的广泛应用也促进了教育管理的个性化和差异化。通过信息化技术，教育管理者可以实现对学生的个性化教学和个性化服务，根据学生的学习特点和需求，提供针对性的学习支持和指导。

2. 数字化整合和共享

信息化教育管理的核心目标之一是实现教育资源的数字化整合和共享。在信息化时代，教育管理者可以利用先进的信息技术手段，如互联网、云计算等，将教育资源进行数字化存储、管理和传递，从而实现教育资源的共享和交流。这种数字化整合和共享的模式为教育领域带来了诸多益处，对于提升教育质量、促进教育公平、推动教育改革具有重要意义。

第一，数字化整合和共享能够提高教育资源的利用效率。传统的教育资源多

为纸质资料或存储在局限的电子设备中，受到空间和时间的限制，难以进行有效利用。而通过数字化整合和共享，教育资源可以被高效地存储、检索和传递，教育管理者可以轻松获取所需资源，提高了资源利用的效率和便利性。

第二，数字化整合和共享有助于降低教育成本。传统的教育资源需要大量的人力、物力和财力来进行生产、收集和管理，而数字化整合和共享能够有效减少这些成本。通过数字化技术，教育资源可以被复制、传递和再利用，节省了大量的资源开支，降低了教育的成本，使得更多的人能够享受到优质的教育资源。

第三，数字化整合和共享还能促进教育资源的均衡配置。在传统模式下，教育资源往往集中在一些发达地区或优质学校，而其他地区或学校则面临资源匮乏的情况。而通过数字化整合和共享，可以将优质的教育资源通过网络等手段传递到各个地区和学校，实现资源的均衡配置，促进教育的公平性和普及性。

3. 智能化管理过程

在信息化教育管理的框架下，智能化管理过程成为实现高效、精准教育管理的关键。通过整合大数据分析、人工智能等先进技术，教育管理者可以对海量的教育数据进行深度挖掘和分析，从而获取有价值的信息和见解，为教育决策提供科学依据。智能化管理过程在教育管理中的作用和影响日益凸显，体现在以下几个方面：

第一，智能化管理过程提高了管理的效率和精确度。传统的教育管理往往依赖人工处理和决策，容易受到主观因素的影响，管理效率较低且存在误差。而通过引入智能化技术，教育管理者可以快速、准确地进行数据分析和预测，及时发现问题并提出解决方案，从而提高了管理的效率和精确度。

第二，智能化管理过程优化了决策的科学性和可靠性。基于大数据分析和人工智能技术，教育管理者可以更全面地了解教育活动中的各种变量和影响因素，深入分析数据背后的规律和趋势，为管理决策提供科学依据。这样的智能化决策过程能够有效降低决策的风险，并提高决策的科学性和可靠性。

第三，智能化管理过程促进了教育管理的创新和进步。通过不断优化和完善智能化管理系统，教育管理者可以实现管理方式和方法的创新，引入更加先进的管理理念和技术手段，推动教育管理模式向着更加智能化、高效化的方向发展。这种创新和进步有助于提升教育管理水平，推动教育事业的可持续发展。

（二）网络化学习环境

1.在线学习模式的普及

网络化学习环境的推广和发展已经成为当今教育领域的一项重要趋势，其中在线学习模式的普及更是引领着教育方式的革新和转变。通过网络平台，学生可以随时随地访问丰富多样的在线课程、教学资源和学习工具，从而实现了学习时间和空间的解构，打破了传统教学的地域和时间限制。这种灵活的学习模式为学生提供了更加便捷、个性化的学习体验，具有以下几个显著特点和优势。

第一，在线学习模式的普及强调了学习的灵活性和个性化。传统的课堂教学通常受到时间和地点的限制，而在线学习模式则使学习过程更加灵活自由。学生可以根据自己的学习节奏和时间安排，在任何地方、任何时间进行学习，不再受制于固定的课程表和教室环境，有利于个性化学习的实现。

第二，在线学习模式丰富了学习资源和学习工具。通过网络平台，学生可以获取到来自世界各地的优质教育资源，包括视频课程、电子书籍、在线讲座等。这些丰富多样的学习资源为学生提供了更多选择，满足了不同学习需求和兴趣的学生，有利于激发学生的学习兴趣和动力。

第三，在线学习模式促进了学习方式和教学方法的创新。在传统课堂教学中，教师往往采用一种单一的教学方式，而在线学习模式则为教师提供了更多的教学工具和方法，如在线讨论、互动课件、虚拟实验等。这些创新的教学方法有利于提高教学的趣味性和互动性，促进学生的深度学习和自主探究。

2.远程教育的发展

远程教育的发展伴随着网络化学习环境的进步得到了迅速提升。通过信息技术手段，远程教育实现了师生之间的教学活动，不再受地理位置的限制，学生可以在任何时间、任何地点接受教育服务。

第一，远程教育打破了传统教育模式下学生需要本人到教室才能获得教育资源的局限性。学生无须前往实体教室，就能够通过远程教育平台获取来自全球的优质教育资源。这种便捷的学习方式，消除了地域的障碍，为更多的学生提供了接受教育的机会，扩大了教育的普及性。

第二，远程教育推动了教学方法和理念的创新。在远程教育的发展过程中，新的教学方法和技术手段不断被引入，如在线课堂和虚拟实验室等，提升了教学的互动性和趣味性，激发了学生的学习兴趣与动力。同时，远程教育的发展促进了教育理念的更新，强调自主学习与合作学习，推动了教育方式的多样化和个性化发展，进一步丰富了学习体验。

3. 社交媒体的应用

网络化学习环境的发展促进了社交媒体在教育中的广泛应用。社交媒体平台成为学生之间交流和合作的重要工具。通过这些平台，学生可以分享学习经验、讨论问题，形成学习社群，共同探讨学习内容，相互激励和促进。

第一，社交媒体为学生提供了一个开放、自由的交流平台。学生可以在社交媒体上自由地发布问题、分享自己的见解和学习心得，与同学们进行互动和讨论。这种开放的交流环境有助于学生之间建立起更加紧密的联系，促进了学习氛围的形成和学习资源的共享。

第二，社交媒体可以打破传统课堂的时间和空间限制，促进学生的跨地域合作和交流。无论是在不同地区、不同学校，甚至不同国家的学生都可以通过社交媒体平台进行交流和合作。这种跨地域的合作模式丰富了学生的学习体验，拓宽了他们的学习视野，培养了他们的跨文化沟通能力和团队合作精神。

第三，社交媒体还可以为教育者提供一个更加直观、及时地了解学生需求和反馈的渠道。通过监测社交媒体上的讨论和互动，教育者可以及时了解学生的学习情况和问题，针对性地进行教学调整和指导，提高教学效果和学生满意度。

（三）智能化教育服务

1. 个性化学习推荐

智能化教育服务在信息化时代得到了迅速发展，并借助大数据分析和人工智能技术实现了个性化学习推荐的功能。这一服务的核心在于系统能够根据学生的个性化需求和学习特点，为其提供量身定制的学习资源和教学方案，从而提高学习的效果和成绩水平。

第一，智能化教育服务通过对学生的学习历史进行深度分析，了解其学习偏好、学科优势和弱势等方面的特点。基于这些数据，系统可以为每位学生建立个性化的学习档案，精准地把握学生的学习需求和目标。

第二，智能化教育服务利用大数据分析技术，从海量的学习资源中筛选出与学生兴趣爱好和学科需求相匹配的内容。通过分析学生的浏览记录、点击行为等数据，系统能够准确地推断出学生的兴趣领域，为其提供具有吸引力和实用性的学习资源。

第三，智能化教育服务还利用人工智能技术实现了个性化的学习路径和学习计划。系统可以根据学生的学习进度和能力水平，为其制定适合的学习计划，并根据实时的学习反馈和评估结果进行调整和优化，帮助学生更好地掌握知识和技能。

通过个性化学习推荐，智能化教育服务实现了教育的差异化和个性化，提高了学生的学习效率和成绩水平。同时，这也促进了教育资源的合理利用和教育教学的优化，推动了教育信息化的深入发展。

2. 智能教学辅助

智能化教育服务在为学生提供个性化学习推荐的同时，也可以为教师提供智能教学辅助工具，以提升教学效果和教学质量。这些智能辅助工具基于大数据分析和人工智能技术，能够深度挖掘学生的学习数据，并根据教学目标和学生需求，为教师提供个性化的教学建议和指导，从而优化教学过程，实现更有效的教学结果。

第一，智能教学辅助工具可以帮助教师分析学生的学习情况和表现。通过收集学生的学习数据，如学习进度、知识掌握情况、学习习惯等，系统可以为教师提供全面的学生分析报告，帮助教师了解每位学生的学习特点和需求。

第二，智能教学辅助工具可以根据学生的学习数据为教师提供个性化的教学建议。系统可以根据学生的学习情况和教学目标，为教师提供针对性的教学策略和方法，帮助教师更好地设计课程内容、教学活动和评估方式，以提高学生的学习效果和成绩水平。

第三，智能教学辅助工具还可以实现教学过程的实时监控和反馈。系统可以通过实时收集学生的学习数据，分析学生的学习状态和反馈，及时向教师反馈学生的学习情况和表现，帮助教师及时调整教学策略和方法，提高教学的针对性和灵活性。

3. 自适应评价体系

智能化教育服务的发展使得建立自适应评价体系成为可能，这种体系根据学生的学习表现和成绩数据，为每位学生提供个性化的评价和反馈。自适应评价体系的建立旨在更好地帮助学生了解自己的学习情况，发现学习中存在的问题，并及时调整学习策略，以提高学习效果和成绩水平。

第一，自适应评价体系的核心在于根据学生的学习特点和需求，为其提供个性化的评价和反馈。通过收集学生的学习数据，如学习进度、作业完成情况、测验成绩等，系统可以全面了解每位学生的学习状态和表现，为其提供针对性地评价和反馈。这种个性化的评价和反馈能够更好地满足学生的学习需求，帮助他们了解自己的学习情况，及时发现和解决学习中存在的问题。

第二，在自适应评价体系中，评价和反馈是动态的、实时的。系统可以根据学生的学习表现和成绩数据，及时更新评价和反馈信息，使其与学生的学习进展保持同步。这种实时的评价和反馈能够帮助学生更好地调整学习策略，及时纠正学习中的偏差，提高学习效果和成绩水平。

第三，自适应评价体系还可以为学生提供个性化的学习建议和指导。系统可以根据学生的评价和反馈信息，为其提供针对性的学习建议，包括学习方法、学习资源、课外活动等方面的建议，帮助学生更好地规划和管理自己的学习，实现个性化的学习目标。

二、教育管理创新的理论基础与核心概念分析

（一）教育学理论

1. 教育心理学

教育心理学作为心理学的一个分支，致力于研究学习、记忆、思维、情感等心理过程在教育实践中的应用。在教育管理创新中，教育心理学理论起着至关重要的作用，它为教育管理者提供了关于学生学习行为和心理特征的理论指导，帮助他们更好地理解学生的需求和行为，从而制定相应的管理策略。

第一，教育心理学的研究对象包括学生的学习过程和心理特征。通过对学习、记忆、思维、情感等心理过程的研究，教育心理学揭示了学生在学习过程中的内在机制和规律，帮助教育管理者更好地理解学生的学习行为和心理特征。

第二，教育心理学理论为教育管理者提供了重要的指导原则。教育心理学的理论框架，如认知发展理论、社会学习理论、建构主义理论等，为教育管理者提供了丰富的理论资源，帮助他们深入理解学生的学习特点和需求，从而指导教育管理实践。例如，根据认知发展理论，教育管理者可以了解到学生的认知能力和思维方式在不同阶段的发展特点，因此可以采取不同的教学方法和策略来促进学生的认知

发展。而社会学习理论则强调了学生在社会环境中的学习和发展，教育管理者可以通过组织学生之间的合作学习活动，促进他们的社会交往和合作能力的培养。

第三，教育心理学还为教育管理者提供了有效的教育评估和辅导策略。通过对学生学习过程和心理特征的深入了解，教育管理者可以制定个性化的教育评估和辅导方案，帮助学生解决学习中遇到的困难和问题，促进其全面发展。

2.教育技术学

教育技术学是研究教育技术的设计、开发、应用和评价的学科领域。在数字化时代，教育技术学扮演着教育管理创新的重要角色，其理论和实践为教育管理者提供了利用信息技术、网络平台和智能工具推动教育创新的方法和路径。

教育技术学的研究内容涵盖了广泛的范围，包括教学设计、教学资源开发、教育技术工具的设计与开发、在线学习平台的建设与管理、教育技术的评价与效果研究等。这些研究领域为教育管理者提供了丰富的理论和实践支持，帮助他们更好地应对数字化时代的教育挑战，促进教育管理的创新和发展。

第一，教育技术学为教育管理者提供了教学设计的理论和方法。通过教育技术学的研究，教育管理者可以了解到不同的教学设计理论和方法，包括问题解决型学习、案例教学、项目化学习等，从而设计出符合学生需求和教学目标的教学活动和课程内容。

第二，教育技术学还为教育管理者提供了教育技术工具的设计与开发方法。在数字化时代，各种教育技术工具如在线教学平台、虚拟实验室、智能辅助工具等应运而生，它们为教育教学提供了全新的可能性。教育技术学通过研究这些工具的设计与开发原理，帮助教育管理者更好地选择和应用适合自身需求的教育技术工具，提高教学效率和质量。

第三，教育技术学还关注教育技术的应用和效果评价。教育管理者可以借助教育技术学的理论和方法，对教育技术在教学实践中的应用效果进行评价和分析，从而及时调整教学策略，改进教育技术的设计与应用，提高教学效果和学生学习成果。

（二）管理学理论

1.组织管理理论

组织管理理论是管理学领域中的重要分支，它主要研究组织内部结构、组织成员行为以及组织运作等方面的规律和原理。在教育管理创新中，组织管理理论扮演着至关重要的角色，为教育管理者提供了关于组织管理的方法、技巧和策略，以实现教育管理的有效运作和持续发展。

第一，组织管理理论关注组织结构的设计与优化。教育管理者需要根据组织的性质和目标，设计合理的组织结构，确立清晰的权责关系和工作流程，以实现教育管理的顺畅运作。组织管理理论提供了各种组织结构模型和设计原则，如功能型组织、矩阵组织、网络组织等，为教育管理者在组织设计时提供了指导和参考。

第二，组织管理理论关注组织成员的行为与激励机制。教育管理者需要了解组织成员的行为特征和动机，设计相应的激励机制和管理策略，以激发他们的工作热情和创造力。组织管理理论研究了各种激励理论和管理实践，如激励理论、领导理论、团队建设理论等，为教育管理者提供了促进组织成员发展和士气提升的方法和途径。

第三，组织管理理论还关注组织运作的效率与效能。教育管理者需要关注组织的运作流程和管理方法，不断优化和改进教育管理的各个环节，以提高管理效率和质量。组织管理理论提供了诸如总质量管理、业务流程再造等管理方法和工具，帮助教育管理者实现组织运作的持续改进和优化。

2. 决策理论

决策理论是管理学领域中的重要分支，它主要关注人们在面对不确定性和复杂性问题时的决策过程和决策方法。在教育管理创新中，决策理论为教育管理者提供了重要的理论支持和实践指导，帮助他们在日常管理工作中做出科学、合理的决策，从而推动教育管理的持续发展和提升。

第一，决策理论强调了决策过程中的信息获取和分析。在面对复杂的教育管理问题时，教育管理者需要收集和分析大量的信息，了解问题的各个方面和影响因素。决策理论提供了各种信息获取和分析方法，如决策树、SWOT分析、成本效益分析等，帮助教育管理者全面了解问题的本质和背景，为决策提供必要的数据和信息支持。

第二，决策理论强调了决策者的决策思维和判断能力。教育管理者需要具备良好的决策思维和判断能力，能够在不确定性和风险下做出正确的决策。决策理论研究了各种决策模型和决策方法，如理性决策模型、行为决策模型、群体决策方法等，帮助教育管理者提高决策能力，减少决策偏差，增加决策的科学性和准确性。

第三，决策理论还强调了决策过程中的风险管理和决策后评估。教育管理者需要在作出决策后对其进行评估和反思，了解决策的效果和影响，及时调整和改进决策方案。决策理论提供了风险管理和决策评估的方法和工具，如决策树分析、回顾与反思等，帮助教育管理者及时发现和解决问题，提高决策的灵活性和适应性。

（三）信息技术理论

1.计算机科学

计算机科学作为一门综合性学科，涵盖了计算机系统的各个方面，包括原理、设计、实现和应用等。在教育管理创新中，计算机科学的理论与技术为教育管理者提供了强大的支持，推动了教育管理的数字化、网络化和智能化发展。

第一，计算机科学的原理研究为教育管理者提供了深入理解计算机系统运作的基础。通过研究计算机系统的硬件、软件和网络结构，教育管理者能够更好地把握数字化教育管理系统的基本架构和运行机制，从而为系统的设计、开发和应用提供理论指导。

第二，计算机科学的设计与实现方面的研究为教育管理者提供了技术支持。计算机科学家们通过研究各种算法、数据结构和编程语言，开发出了各种实用的软件工具和应用程序，包括教育管理信息系统、在线学习平台、智能教育辅助工具等，为教育管理的数字化和智能化提供了关键技术支撑。

第三，计算机科学的应用研究为教育管理者提供了丰富的实践经验和案例。通过研究计算机在教育管理中的应用实例，教育管理者能够了解各种信息技术在教育管理中的优势和局限，从而更好地选择和应用合适的技术手段，提高管理效率和管理水平。

2.信息系统理论

信息系统理论作为信息科学的一个重要分支，致力于研究信息系统的各个方面，包括结构、功能和运作规律等。在数字化时代的教育管理创新中，信息系统理论扮演着重要的角色，为教育管理者提供了理论指导和实践支持，促进了教育管理的智能化和数字化发展。

第一，信息系统理论对信息系统的结构进行了深入研究，包括系统的组成部分、数据流动路径、功能模块等。通过对信息系统结构的分析，教育管理者能够更清晰地了解教育管理系统的组织架构和信息流动方式，为系统的设计和建设提供了理论依据。

第二，信息系统理论深入探讨了信息系统的各项功能及其运行机制，涵盖了信息从采集、存储、处理到传递的全过程。这一领域的研究不仅揭示了信息流动的内在规律，还为教育管理者提供了切实可行的策略和工具，以优化教育管理流程，实现既定的管理目标。通过这些理论指导，教育管理者能够构建出更为高效、稳定且适应性强的教育管理系统，从而在日益复杂的教育环境中保持竞争优势。

第三，信息系统理论还关注信息系统与组织之间的相互作用和影响。通过研究信息系统在组织中的角色和作用，教育管理者可以更好地理解信息系统与教育管理实践之间的关系，优化信息系统的设计和应用，提升教育管理效率和质量。

（四）核心概念分析

1. 个性化学习

个性化学习是一种教育理念，强调每个学生在学习过程中都具有独特的特点、需求和学习风格。在数字化时代的教育管理创新中，个性化教学已成为教育领域的重要趋势和目标。借助信息技术和教育心理学理论，个性化学习致力于通过定制化的学习路径、教学资源和评估方式，满足学生个体差异化的学习需求，从而提高学习效果和学生的学习体验。

第一，个性化学习的核心理念在于认识到每个学生的独特性。不同学生具有不同的学习背景、学习兴趣、学习速度和学习方式。因此，传统的一刀切式教学模式已经不能满足学生的需求，个性化学习应运而生。通过分析学生的学习特点和需求，教育管理者可以为每个学生量身定制适合其发展的学习计划和教学方案。

第二，信息技术在个性化学习中发挥了重要作用。借助学习管理系统、智能学习平台和教育应用程序，教育管理者能够收集和分析学生的学习数据，包括学习历史、学习偏好、学习表现等，从而为每个学生提供个性化的学习建议和资源推荐。通过这些个性化的学习路径和资源，学生能够更有效地掌握知识，提高学习动机和成绩。

第三，教育心理学理论也为个性化学习提供了理论基础。通过对学生认知、情感和社会发展等方面的研究，教育管理者可以更好地理解学生的学习特点和需求，设计符合其个性化需求的教学活动和评价方式，激发学生的学习潜能，提升学习效果。

2. 智能化教育

智能化教育是指利用先进的信息技术，特别是人工智能和大数据等技术，为教育服务赋予智能化和个性化的特性。在教育管理创新中，智能化教育已成为一项重要的趋势和目标。通过智能化教学系统、智能辅助工具等方式，智能化教育致力于提升教育管理的智能化水平，改善教学效果，促进学生的个性化发展。

第一，在智能化教育中，人工智能技术扮演着关键角色。利用人工智能技术，教育管理者可以开发智能教学系统，实现对学生学习行为和学习过程的智能监测和分析。这些系统可以根据学生的学习数据和行为模式，提供个性化的学习建议和学习资源推荐，帮助学生更高效地学习和掌握知识。

第二，智能辅助工具也是智能化教育的重要组成部分。这些工具包括智能化教学软件、虚拟实验室、智能化作业批改系统等，能够为教师和学生提供智能化的教学和学习支持。例如，智能化作业批改系统可以根据预设的评分标准，快速而准确地对学生的作业进行评分和反馈，节省教师的时间，提高评价的客观性和准确性。

第三，大数据技术也为智能化教育提供了强大的支持。通过收集、存储和分析海量的学生学习数据，教育管理者可以发现学习规律和趋势，预测学生的学习需求和行为，从而制定更加科学合理的教育管理策略，优化教学资源的配置和利用。

3. 数据驱动决策

数据驱动决策是一种管理理念，强调利用教育数据和信息技术，实现教育管理过程的科学化和智能化。在数字化时代的教育管理创新中，数据驱动决策被视为一种重要的管理策略和方法论。通过收集、分析和利用教育数据，管理者可以更准确地了解教育过程中的变化和趋势，从而制定更有效的管理策略和决策。

数据驱动决策依赖于信息技术的支持。随着信息技术的迅速发展，教育管理者可以借助各种数据采集、处理和分析工具，对教育过程中的各个环节进行全面、及时的数据收集和分析。这些数据可以来自学生的学习行为、教师的教学效果、教育资源的利用情况等方面，覆盖了教育管理的方方面面。通过对这些数据的分析，管理者可以发现问题、发现趋势，为教育决策提供科学依据。

第二节　数字化时代教育管理创新的关键要素

一、影响教育管理创新的关键因素分析

（一）技术因素

1. 信息技术的发展

信息技术的快速发展在数字化时代的教育管理创新中扮演着关键角色。随着互联网、大数据、人工智能等技术的不断成熟和普及，教育管理者面临着更多的机遇和挑战。信息技术为教育管理者提供了丰富而强大的工具，使得教育资源的管理变得更加高效、便捷，为教育体系的改革和创新提供了有力支持。

第一，互联网技术的普及和发展为教育管理带来了极大的便利。借助互联网，教育资源能够实现在线获取、共享和交流，学习者可以通过在线平台获得丰富的课程资源和教学资料。这种便捷的学习模式不仅节省了时间和成本，还拓展了学习的空间，促进了教育资源的有效利用和广泛传播，使得学习者能够随时随地进行学习，提升了教育的灵活性和普及性。

第二，大数据技术的应用为教育管理带来了前所未有的可能性。教育系统每天都会产生大量的数据，包括学生的学习行为、教师的教学记录、课程的评价等。利用大数据分析技术，教育管理者可以深入挖掘这些数据，发现潜在的规律和趋势，从而为教育决策提供科学依据。例如，通过分析学生的学习行为数据，可以了解到哪些知识点难以理解，哪些教学资源更受欢迎，从而调整教学策略，提高教学效果。

第三，人工智能技术的发展也为教育管理带来了新的可能性。人工智能技术可以模拟人类的智能行为，例如语音识别、图像识别、自然语言处理等，可以为

教育管理提供智能化的解决方案。例如，智能教学助手可以根据学生的学习情况和需求，为其提供个性化的学习建议和指导；智能教学系统可以根据学生的反馈和评价，自动调整教学内容和方式，实现个性化教学。

2. 数字化教育资源的丰富

在数字化时代，教育资源的丰富性是教育管理创新的关键因素之一。数字化教育资源的广泛应用，包括数字化教材、网络课程、在线教学工具等，为教育管理者提供了丰富多样的选择，为学生提供了更加个性化和优质的学习体验。

第一，数字化教材的普及使得教学内容更加丰富和多样化。传统教材往往受限于纸质书籍的形式，难以涵盖全面的知识点和教学内容。而数字化教材则可以通过多媒体、互动性等方式呈现知识，使得学习过程更加生动有趣，激发学生的学习兴趣和动力。

第二，网络课程的开设为学生提供了更加灵活的学习方式。学生可以通过网络平台选择感兴趣的课程进行学习，不再受到地域和时间的限制。这种自主选择学习的方式有利于培养学生的自主学习能力和独立思考能力，提高学习的效果和质量。

第三，在线教学工具的应用为教学过程增添了更多的可能性。例如，虚拟实验平台可以让学生在虚拟环境中进行实验操作，减少了实验材料和设备的成本，提高了实验的安全性和效率；智能辅助工具可以根据学生的学习情况和需求，提供个性化的学习建议和指导，帮助学生更好地理解和掌握知识。

3. 教育技术工具的应用

在数字化时代，教育技术工具的广泛应用为教育管理带来了重要的变革和机遇。这些工具的应用不仅为教学活动提供了更多可能性，还为教育管理者提供了强大的支持和工具，使得教育管理更加灵活和高效。

第一，智能教学软件的应用为教学活动带来了革命性的变化。通过智能教学软件，教师可以利用多媒体、互动等技术手段设计和展示教学内容，帮助学生更好地理解和掌握知识。

第二，虚拟实验室的应用为实验教学提供了新的可能性。传统的实验教学往往受到实验设备和场地的限制，而虚拟实验室则可以通过模拟技术呈现各种实验场景，使得学生可以在虚拟环境中进行实验操作，减少了实验成本和安全风险，提高了实验的效率和可行性。

第三，在线作业系统的应用为教学管理提供了便利和效率。通过在线作业系统，教师可以及时布置作业、收集作业、批改作业，并及时反馈给学生，使得教学过程更加流畅和高效。同时，在线作业系统还可以统计和分析学生的学习情况和表现，为教师提供科学的教学评估依据。

（二）政策因素

政策因素在数字化时代的教育管理创新中扮演着至关重要的角色，政府政策的支持、法规制度的健全和政策环境的优化为教育管理创新提供了重要保障和推动力。

第一，政府在数字化教育管理创新中的支持是必不可少的。政府可以通过制定长期的数字化教育发展规划，明确发展目标和政策导向，确保教育管理创新与国家整体发展战略保持一致。通过这些规划，数字化教育的方向得以明确，创新步伐能够与国家现代化进程同步。此外，政府还可以设立数字化教育创新基金，用于支持购置数字化设备、开展培训和推广数字化管理模式，为教育管理的创新提供资金保障。同时，优惠政策和税收政策也能有效鼓励企业参与到数字化教育管理创新中来，降低研发成本，推动技术创新的广泛应用。

第二，健全的法规制度对于确保教育管理创新的合法性、合规性和可持续性具有重要意义。相关法律法规的完善有助于规范数字化教育管理的行为、目标和程序，防止创新过程中出现违法行为，维护教育管理的稳定。法规还应保障数字化教育资源的开发和使用，通过明确知识产权、信息安全和隐私保护的条款，确保教育资源的安全性和可靠性。

第三，政策环境的优化是推动数字化教育管理创新的重要因素。通过简化行政程序，减少行政负担，教育管理者可以专注于创新实践。政府可以通过优化服务和简化审批流程，降低市场准入门槛，鼓励更多社会力量参与教育管理创新。此外，加强政策引导和制定专项支持措施，能够提供更为有力的政策保障和支持，推动数字化教育管理创新的进一步发展。

（三）组织因素

1.管理体制和组织架构

第一，建立专业化的教育管理团队是推动教育管理创新的重要举措之一。这样的团队通常由教育管理专家、教育技术专家、数据分析师等多个领域的专业人员组成，他们具有丰富的教育管理经验和专业知识，能够共同协作，开展各种教育管理创新项目和活动。通过建立专业化的管理团队，可以更好地调动人才资源，提高管理水平和效率。

第二，设立教育管理专业部门也是推动教育管理创新的重要举措之一。这样的部门通常负责制定教育管理政策、规划教育管理发展方向、开展教育管理项目和活动等工作。通过设立专业部门，可以使教育管理工作更加专业化、系统化和科学化，提高管理效率和水平。

第三，灵活的组织架构是推动教育管理创新的重要保障。根据实际情况和需求，灵活调整组织架构，适时引入新的管理模式和方法，不断优化管理流程和机制，可以有效提升管理效率和灵活性。例如，采用扁平化管理结构能够减少层级、提高决策效率，使得沟通更加顺畅，响应速度更快。此外，采用项目组织方式，根据具体任务组建临时性工作小组，能够更好地应对复杂多变的管理任务，确保在动态环境中保持高效运作。

2.人员素质和能力培养

教育管理者和从业人员的素质和能力培养在数字化时代的教育管理创新中具有重要意义。他们需要不断提升自身的教育理论知识、管理技能和信息技术能力，以适应快速变化的教育环境和日益复杂的管理需求。因此，加强人员培训和能力提升，提高教育管理人员的整体素质和能力水平，是促进教育管理创新的关键所在。

第一，教育管理者需要具备扎实的教育理论知识。他们应该深入了解教育学、心理学、管理学等相关学科的理论，掌握教育管理的基本原理和方法。这样可以帮助他们更好地理解教育管理的本质和特点，指导实际工作中的决策和行动。

第二，教育管理者需要具备出色的管理技能，这包括领导能力、沟通能力、决策能力和协调能力等方面。掌握这些技能对于有效的组织和管理至关重要。通过持续的培训和实践，管理者可以不断提升自身的管理水平，更加从容地应对日常工作中的各种挑战和问题，提高整体工作的效率和效果。

第三，信息技术能力也是教育管理者必备的能力之一。在数字化时代，信息技术已经深入到教育管理的方方面面，教育管理者需要熟练掌握各种教育技术工具的使用方法，能够灵活运用信息技术来提升教育管理的效率和质量。

3. 管理思维和创新文化

积极的管理思维和创新文化是推动教育管理创新的重要动力。在数字化时代，教育管理者需要具备开放的思维，勇于接受新观念和新技术，积极倡导和引领教育管理的创新发展。

同时，创新文化也是教育管理创新的关键所在。建立鼓励创新、宽容失败的组织文化氛围，可以激发教育管理者和从业人员的创造力和创新意识，为教育管理创新提供了良好的土壤和氛围。在这样的文化氛围下，教育管理者和从业人员可以放手尝试新的教育管理方法和策略，勇于突破传统的管理模式，不断寻求更加有效和创新的管理方式。

除此之外，激励创新和倡导实践也是培育创新文化的重要手段。通过设立创新奖励机制、举办创新实践活动等方式，可以积极鼓励教育管理者和从业人员参与到创新活动中来，激发他们的创新热情和活力。同时，倡导实践意味着鼓励管理者和从业人员将创新理念付诸实际行动，不断尝试和验证新的管理方法和技术，从而推动教育管理创新的不断发展和完善。

（四）文化因素

1. 观念和价值观

教育管理创新的发展受到相关人员的观念和价值观的深刻影响。观念和价值观扮演着塑造个体行为和组织文化的重要角色，它们决定了教育管理者对变革的态度和行为方式，从而直接影响到教育管理创新的推进和发展。

保守的观念和价值观常常成为阻碍教育管理创新的主要障碍之一。一些教育管理者可能对新的理念和技术持保守态度，担心变革会带来不确定性和风险，因此更倾向于维持现状而不愿尝试新的管理方法。这种保守的观念和价值观导致了教育管理的僵化和停滞，阻碍了教育管理创新的蓬勃发展。

相反，开放、包容的观念和价值观对促进教育管理创新具有积极的作用。具有开放思维和包容心态的教育管理者更愿意接受新观念和新技术，勇于尝试和探索新的管理模式和方法。他们能够主动寻求变革，积极倡导组织内部的创新文化，鼓励教师和其他从业人员提出新的理念和建议。这种开放、包容的观念和价值观为教育管理创新提供了良好的氛围和动力，推动了教育管理向更高水平的发展。

2. 文化氛围和组织文化

文化氛围和组织文化在教育管理创新中扮演着至关重要的角色。它们不仅影响着个体和团队的行为方式和态度，也直接塑造了组织的运作方式和发展轨迹。在教育管理创新的过程中，积极的文化氛围和创新文化能够极大地促进创新的发生和传播。

首先，积极的文化氛围是教育管理创新的土壤和动力。一种鼓励思想交流、尊重多样性、倡导开放沟通的文化氛围能够激发教育管理者和从业人员的创新活力。在这样的氛围中，个体更加愿意分享想法和经验，勇于提出新的观点和建议，促进了知识的共享和集体智慧的发挥。这种积极的文化氛围有利于打破陈规旧习，推动教育管理的创新和进步。

其次，创新文化是教育管理创新的内在驱动力。一种鼓励创新、容忍失败的组织文化能够为教育管理者和从业人员提供安全感和支持，使他们更愿意冒险尝试新的理念和方法。在这样的文化氛围中，失败被视为探索的一部分，而不是终点，员工受到鼓励继续创新实践。这种创新文化促进了教育管理者和从业人员的自信心和勇气，为教育管理创新提供了持续的动力和能量。

3. 社会文化和时代精神

社会文化和时代精神对教育管理创新的影响不容忽视。在数字化时代，社会文化和时代精神深刻地塑造了教育管理的发展路径和方向。信息化、网络化、智能化等特征不仅改变了教育的传统形式，也对教育管理提出了全新的挑战和机遇。

首先，社会文化的变迁影响着教育管理的理念和价值取向。随着社会结构和价值观念的变化，人们对教育的期待也在不断调整。传统的教育管理模式可能无法满足当代社会的需求，因此，教育管理者需要审时度势，根据社会文化的变化调整管理策略，注重培养学生的创新思维、合作精神和实践能力，以适应社会发展的需要。

其次，时代精神的变迁塑造了教育管理的发展方向和路径。数字化时代注重信息共享、开放创新，这要求教育管理者以开放、包容的心态面对变革，勇于尝试和创新。在时代精神的引领下，教育管理需要借助先进的技术手段，拓展教育资源的传播渠道，提升教育服务的质量和效率，推动教育管理朝着数字化、智能化的方向不断发展。

因此，教育管理者需要紧跟时代潮流，深刻理解和把握社会文化和时代精神的变化，不断调整教育管理的理念、方法和模式。只有在社会文化和时代精神的指引下，教育管理才能真正与时俱进，为社会培养更具创新精神和适应能力的人才，促进教育事业的可持续发展。

二、关键要素在数字化时代教育管理中的作用与影响

数字化时代的教育管理创新关键要素在教育管理中发挥着重要作用，并产生了深远的影响。

（一）技术因素的作用与影响

1. 促进教育资源的数字化和网络化

技术的快速发展在教育领域推动了教育资源的数字化和网络化进程。随着信息技术的不断进步，教育资源的数字化存储和网络化传播已经成为现实。这一趋势为学生提供了更加便捷和丰富的学习资源，从而拓展了他们的学习渠道和方式。

首先，数字化教育资源的存储和管理变得更加高效和便利。传统的纸质教材和文档逐渐被数字化的教学资源所取代，这些资源可以通过电子设备进行存储、检索和管理，大大提高了教育资源的利用效率。

其次，网络化传播使得教育资源更加普及和共享。互联网的普及和高速发展为教育资源的在线传播提供了良好的基础。学生可以通过网络平台获取到来自世界各地的优质教育资源，例如在线课程、教学视频、学术论文等，无论时间和地点都能够自由获取。这种网络化传播的特点不仅丰富了学生的学习内容，也促进了教育资源的共享和交流，为教育的全球化提供了便利条件。

最后，数字化和网络化还催生了各种创新的教学方式和工具。例如，基于云计算和大数据分析的智能教学系统可以根据学生的学习情况和需求，个性化地推荐教学资源和制定学习计划；虚拟实验室和远程实践平台可以为学生提供更加真实和丰富的实践体验。这些创新的教学方式和工具进一步提升了教育资源的质量

和效果，促进了教育的全面发展。

2. 推动个性化学习和自主学习

技术的迅速发展为个性化学习和自主学习的实现提供了重要的支持和推动力。借助智能化教育平台和学习系统，学生能够根据自身的兴趣、能力和学习节奏，量身定制适合自己的学习计划，从而实现个性化学习的目标。

第一，智能化教育平台和学习系统通过收集和分析学生的学习数据，能够深入了解每个学生的学习特点和需求。基于这些数据，系统可以为每位学生量身定制学习路径和学习内容，精准地匹配学生的学习需求，从而提供个性化的学习体验。

第二，智能化教育平台和学习系统为学生提供了丰富多样的学习资源和学习工具。学生可以根据自己的兴趣和学习目标，自主选择适合自己的学习内容和学习方式。无论是在线课程、教学视频、电子书籍还是交互式学习应用，都可以根据学生的个性化需求进行定制和调整。

第三，智能化教育平台和学习系统还提供了多样化的学习支持和反馈机制。学生可以通过在线讨论、实时问答、个性化评价等方式与教师和同学进行交流和互动，获得及时的学习帮助和反馈。这种交流和互动不仅促进了学生之间的合作和交流，也增强了学生的学习动力和自主学习能力。

3. 提升教学效果和教育质量

教学效果和教育质量的提升是教育领域持续关注的核心目标之一，而技术的应用在实现这一目标方面发挥着重要作用。首先，多媒体技术和虚拟实验室等教学工具的应用为教学活动注入了新的活力和趣味性。通过多媒体展示教学内容，教师能够以更生动的方式呈现知识，引发学生的兴趣，激发他们的学习动力和主动性。例如，利用动画、视频等形式，可以将抽象的概念具象化，帮助学生更好地理解和消化知识。同时，虚拟实验室等技术工具为学生提供了实践操作的机会，增强了他们的实践能力和动手能力，丰富了教学内容，提高了教学效果。

其次，数据分析和智能评估系统的应用使教育过程更加智能化和个性化。通过对学生学习数据的收集和分析，教育者可以全面了解学生的学习情况和表现，发现学生的学习问题和瓶颈，及时给予针对性地指导和帮助。例如，智能评估系统可以根据学生的学习情况和表现，为教师提供个性化的教学建议和指导，帮助教师更好地调整教学策略和方法，提高教学效果。同时，这些系统还可以为学生提供个性化的学习路径和资源推荐，帮助他们更高效地学习和成长。

4. 促进教育管理模式的创新

技术的迅速发展在推动教育管理模式的创新方面发挥着至关重要的作用。新兴的技术手段如在线教育、远程教育和混合式教学等，已经开始改变传统的教学方式和管理模式，为教育管理带来了全新的视野和机遇。

第一，在线教育作为一种全新的教学模式，通过互联网平台提供丰富的教学资源和学习机会，打破了传统教育的时空限制。学生可以随时随地通过电脑、平板电脑或智能手机访问在线课程，自主学习，根据个人兴趣和需求定制学习计划，实现个性化学习。在线教育模式的出现不仅丰富了教育资源，还拓展了学习渠道，提高了学习的灵活性和便捷性。

第二，远程教育为学生提供了无须空间限制的学习机会。通过视频会议、在线讨论等技术手段，教师可以与学生进行实时互动，开展远程教学活动。这种模式不仅能够克服地域限制，使学生在偏远地区也能享受到优质的教育资源，还能够促进教育资源的共享和交流，提高教育的普及程度和质量。

第三，混合式教学模式将传统教学与在线学习相结合，融合了线上和线下教学资源，为学生提供了更丰富多样的学习体验。在混合式教学中，学生可以在课堂上与教师和同学进行互动，同时又可以通过在线平台进行课后复习和深化学习，实现知识的多维度获取和应用。这种模式不仅能够提高教学效率，还能够激发学生的学习兴趣和主动性，促进他们的全面发展。

（二）政策因素的作用与影响

1. 提供政策支持和法律保障

政策因素为数字化时代教育管理创新提供了政策支持和法律保障。政府出台相关政策和法规，明确了数字化教育的发展方向和目标，为教育管理创新提供了政策环境和制度保障，推动了教育事业的持续发展。

2. 引导教育管理创新方向

政策导向和指导文件对教育管理创新起着引导作用。政府部门通过政策文件明确了教育管理创新的重点领域和重点任务，指导教育管理者和从业人员把握发展方向，加速教育管理创新的步伐。

3.激发社会资金和资源的投入

有利的政策环境有助于吸引社会资金和资源的投入。政府出台相关政策和激励措施，鼓励社会资本参与教育管理创新，推动教育资源的优化配置和教育服务的提升，促进了教育管理创新的深入开展。

4.促进国际交流与合作

政策因素促进了国际交流与合作。政府间的合作协议和国际组织的倡导推动了教育管理创新的国际交流与合作，促进了教育管理理念和经验的跨国传播和借鉴，推动了全球教育事业的共同发展。

（三）组织因素的作用与影响

1.管理体制的优化与创新

组织因素对数字化时代教育管理创新具有重要影响。学校通过优化管理体制和创新组织机制，加强对教育管理创新的支持和保障。建立灵活的管理体系和高效的管理机制，有助于提高教育管理的效率和透明度，促进教育管理的现代化和智能化。

2.人员结构的优化与培训

优化人员结构和加强人员培训是组织因素对教育管理创新的重要影响。通过招聘和培训具有信息技术和教育管理专业背景的人才，提升了教育管理团队的专业水平和创新能力。建立多元化的人才队伍和灵活的人员配备机制，有助于适应数字化时代教育管理的需求和挑战。

3.合作与共享机制的建立

组织因素推动了合作与共享机制的建立。通过构建联盟合作机制，共享资源和信息技术设施，有助于提升管理的效率和效益。建立开放式的资源共享平台和成果交流平台，能够促进协同发展和共同进步，推动管理创新的深入实施。通过合作与共享，各方可以更高效地利用资源，实现更广泛的进步和发展。

4.创新文化与管理氛围的营造

组织因素塑造了创新文化和管理氛围。建立开放、包容的组织文化，鼓励教育管理者和从业人员敢于创新、勇于探索，为教育管理创新提供了良好的文化环境和舆论氛围。激发全体成员的创新活力和工作激情，推动了教育管理创新的不断深化和发展。

（四）文化因素的作用与影响

1. 文化观念对创新的影响

文化观念对教育管理创新的影响是不可忽视的，在数字化时代尤其如此。积极的文化氛围和鼓励创新的观念可以极大地推动教育管理创新的发展，为构建现代化、高效率的教育管理体系提供了重要支持。

第一，文化观念对于教育管理者和从业人员的思维方式和行为习惯具有深远的影响。一种鼓励创新、尊重个性的文化氛围能够激发教育管理者的创造力和创新意识，使其更愿意尝试新的教育管理方法和工具。相反，如果文化氛围中存在保守、守旧的观念，可能会抑制教育管理者的创新动力，阻碍教育管理创新的推进。

第二，文化观念对于组织内部的沟通和合作起着重要的调节作用。在一个鼓励开放交流、倡导团队合作的文化环境中，教育管理者和从业人员更容易分享想法、共同探讨问题，促进创新理念的交流和碰撞，从而推动教育管理创新的不断发展。而如果文化氛围中存在封闭、保守的观念，可能会导致信息闭塞、创新停滞，影响教育管理创新的实施和成效。

第三，文化观念还会影响到组织内部的激励机制和奖惩体系。在一个重视创新能力和成果的文化环境中，教育管理者和从业人员有更大的动力去探索新的管理方法和技术工具，因为他们知道创新的成果可能会得到组织的认可和奖励。相反，如果文化氛围中更注重传统和规范，可能会使教育管理者和从业人员对创新失去兴趣，导致创新活动的停滞和消极。

2. 传统观念对创新的阻碍

传统观念对教育管理创新的阻碍是不可忽视的。在数字化时代，保守的文化观念和传统的思维模式往往成为限制教育管理创新的重要因素。这种保守的观念可能来自历史上形成的教育传统、惯例以及人们长期以来对教育的固有认知。

第一，传统观念通常对变革持保守态度。人们习惯于传统的教学方式和管理模式，对于新兴的技术和方法可能存在抵触情绪，担心变革会带来不确定性和风险。这种保守的观念导致教育管理者和从业人员对创新缺乏积极性，不愿尝试新的教育理念和管理方式，从而限制了教育管理创新的空间和发展。

第二，传统观念可能使人们固守于既有的思维模式和行为习惯中。在传统的教育观念下，人们可能更倾向于依赖传统的教学方法和管理手段，对于新颖的、前沿的教育技术和理念缺乏接纳和理解。

第三，传统观念往往与组织内部的惯性和保守主义相结合。在传统的组织文化中，可能存在权威主义和层级森严的管理模式，导致组织内部信息流动不畅、决策缓慢，难以适应快速变化的数字化时代。

3. 文化引导与组织变革

积极引导文化引导和推动组织变革对于数字化时代教育管理创新至关重要。在这个变革的时代背景下，传统的教育管理模式和文化观念已经无法适应快速发展的教育需求和技术进步。

第一，积极引导文化引导意味着树立开放、包容的文化氛围。应鼓励成员提出新的想法和建议，倡导创新思维和实践，消除创新过程中可能出现的恐惧和抵触情绪。通过开展培训和教育活动，帮助成员树立正确的创新观念，激发他们的创造力和创新潜能，从而为管理创新提供源源不断的动力。

第二，组织变革是推动文化引导的关键环节。审视和优化组织结构与管理模式，打破僵化的管理体系和过时的管理流程，是提升组织效率的必要步骤。通过建立更加灵活高效的管理机制，可以激发成员的工作热情和创新能力。引入新的管理理念和方法，如扁平化管理、项目化管理等，不仅能够减少层级间的阻碍，提升决策效率，还能增强团队的协作性和灵活性。这种变革有助于创造更具活力的工作环境，推动成员的创新思维和实践，为组织的发展和管理创新提供强有力的支持。在这样的环境下，成员能够更自由地提出新思路，快速响应变化，推动组织实现可持续的进步和创新。

第三，文化引导需要建立并弘扬管理创新的行为准则。明确创新的重要性和意义，将其纳入战略目标。同时，制定激励机制和奖励制度，鼓励并支持那些具有创新精神和实践的个人和团队，为他们提供展示和分享创新成果的平台，从而激励更多的人积极参与管理创新。

第三节　数字化时代教育管理创新的流程

一、前期准备与需求分析

（一）确定需求与目标

1.明确当前教育管理存在的问题与挑战

（1）信息孤岛

教育管理中存在着信息孤岛现象，不同部门之间信息沟通不畅，数据孤立，导致信息共享不足、资源利用效率低下等问题。信息孤岛的存在阻碍了教育管理的科学化和现代化。

（2）教育资源分配不均衡

教育资源的分配不均衡是教育管理面临的另一个重要问题。一些地区、学校或群体可能面临教育资源匮乏的情况，而另一些地区、学校则拥有丰富的教育资源，导致教育质量和公平性存在较大差异。

（3）人力资源利用效率低下

教育管理中存在着人力资源利用效率低下的问题，部分工作流程烦琐、重复，人力资源配置不合理，导致了管理效率低下和资源浪费的现象。

（4）信息化建设滞后

相比其他行业，教育管理的信息化建设相对滞后，很多学校和机构仍在采用传统的纸质档案管理和手工录入数据，信息化水平有待提高。

（5）学生个性化需求难以满足

传统的教育管理模式难以满足学生个性化学习需求，缺乏针对性的教学方案和个性化的学习资源，导致部分学生学习兴趣不高、学习效果不佳。

2.收集利益相关者的反馈与建议

（1）教育管理者

教育管理者希望通过数字化技术解决管理中的问题，提高管理效率和管理水平，实现教育资源的优化配置和高效利用。

（2）教师

教师希望数字化时代的教育管理能够减轻其繁重的教学负担，提供更多的教学资源和工具，支持个性化教学，提高教学质量和效果。

（3）学生

学生希望能够获得更丰富多样的学习资源和学习方式，个性化地定制学习计划，更好地发挥自己的学习潜能，提高学习兴趣和学习效果。

（4）家长

家长关注教育资源的公平分配和学生的全面发展，希望通过数字化时代的教育管理，更好地了解孩子的学习情况，与学校和教师保持沟通，共同促进孩子的成长与发展。

（二）技术选型与平台构建

1.评估现有技术及教育管理软件

（1）技术评估

需要对当前市场上的各类数字化工具和教育管理软件进行评估。这些工具和软件可能包括学校管理系统、在线教育平台、教育 App 等。评估的重点包括技术成熟度、功能完备性、安全性、可定制性等方面。

①技术成熟度

评估软件所采用的技术栈、开发框架、数据存储方式等，以及其在教育管理领域的应用历史和市场口碑。

②功能完备

评估软件提供的功能模块，包括学生管理、课程管理、教学资源管理、教务管理、数据分析等，以及是否支持个性化定制和拓展功能。

③安全性

评估软件的数据安全措施、隐私保护机制、用户权限管理等方面，确保数据在传输和存储过程中的安全性和可控性。

④可定制性

评估软件是否提供灵活的定制和扩展接口，以适应不同学校或机构的特殊需求和管理模式。

（2）教育管理软件评估

针对教育管理领域的专业软件进行评估。这些软件通常具有更专业的教育管理功能，如学生档案管理、课程排课、考试评价等。

①教务管理软件

评估其课程管理、学生管理、教师管理、考试管理等功能，以及支持的教学模式和教育理念。

②在线教育平台

评估其教学资源丰富程度、课程设计灵活性、学习体验等方面，以及支持的多媒体教学和互动方式。

③教育 App

评估其用户界面设计、功能实用性、用户体验等方面，以及支持的移动端教学和管理功能。

通过对现有技术和教育管理软件的综合评估，可以为后续的技术选型和平台构建提供参考和依据。

2. 搭建数字化教育管理平台

（1）系统架构设计

在确定技术选型后，需要进行系统架构设计。这包括确定系统的整体架构、各个模块之间的关系和交互方式。重点考虑系统的可扩展性、灵活性和易维护性，以应对口后的功能拓展和升级需求。

（2）数据库建设

数据库是数字化教育管理平台的核心组成部分。在搭建平台过程中，需要设计和建立适合教育管理需求的数据库结构，包括学生信息、课程信息、教师信息、教学资源等数据表，并确保数据的完整性和一致性。

（3）界面设计

平台的用户界面设计直接影响用户体验和使用效果。需要设计直观、友好的用户界面，使用户能够方便快捷地完成各项操作。同时，要考虑到不同用户角色的需求，设计相应的权限管理和个性化定制功能。

（4）安全性保障

安全性是数字化教育管理平台建设的重中之重。在搭建平台过程中，需要采取多种安全措施，包括数据加密、访问控制、安全审计等，确保用户数据和系统信息的安全可控。

（三）团队组建与培训

1. 组建跨部门的数字化教育管理团队

（1）确定团队成员

在组建数字化教育管理团队时，需要明确各部门的代表人员，包括技术部门、教务部门、教学研究部门、行政管理部门等。每个部门的代表应具有相关领域的专业知识和经验，能够有效代表部门利益并参与决策。

（2）建立团队沟通机制

团队成员来自不同部门，沟通和协作是团队成功的关键。建立定期会议、在线沟通平台等机制，促进团队成员之间的信息交流和合作。

（3）明确团队目标和角色

确定团队的整体目标和各成员的具体角色和职责。例如，技术人员负责系统搭建和维护，教务人员负责教务流程优化，教学专家负责教学设计和评估等。

2. 为教职员工提供系统培训

（1）培训内容设计

根据教职员工的实际需求和数字化教育管理平台的功能特点，设计相应的培训内容。培训内容可以包括系统操作指南、教学资源的上传和管理、学生信息的查询与管理、教学评价与反馈等方面。

（2）多种培训形式

提供多种形式的培训，包括集中培训、分散培训、在线培训等。根据教职员工的工作安排和时间情况，灵活安排培训形式，确保培训效果和参与度。

（3）专业培训师资

邀请具有丰富教育管理经验和专业知识的培训师资，为教职员工提供系统培训。培训师资可以来自内部或外部，包括校内专家、行业专家、教育科技企业的技术支持人员等。

二、流程优化与实施

（一）流程优化设计

1. 分析现有管理流程

（1）教务管理流程分析

对教务管理流程进行分析，包括课程安排、教室调度、考试安排、成绩管理等环节。通过对教务管理流程的梳理，可以发现是否存在排课冲突、教室资源利用不足等问题。

（2）学生管理流程分析

对学生管理流程进行分析，包括学籍管理、学生档案管理、选课管理、学生评价等方面。通过分析学生管理流程，可以发现是否存在学籍信息不完善、选课流程烦琐等问题。

（3）课程管理流程分析

对课程管理流程进行分析，包括课程设置、教学资源准备、课程评价等环节。通过分析课程管理流程，可以发现是否存在课程设置不合理、教学资源匮乏等问题。

（4）痛点和瓶颈识别

在分析现有管理流程的过程中，需要重点关注存在的痛点和瓶颈。这些痛点和瓶颈可能是流程不合理、信息不畅通、资源不足等方面的问题，对于后续的流程优化设计提供了重要的参考。

2. 制定数字化教育管理的标准操作流程

（1）优化设计流程

在分析了现有管理流程并识别了痛点和瓶颈后，需要对数字化教育管理的标准操作流程进行优化设计。这包括重新设计教务管理、学生管理、课程管理等各个环节的操作流程，确保流程的合理性和高效性。

（2）整合信息和资源

在制定标准操作流程时，需要考虑如何整合信息和资源，实现数据的共享和流通。可以借助信息化技术，建立统一的信息平台，实现教务管理、学生管理、课程管理等各个环节之间的信息交互和资源共享。

（3）确保数据准确性

在制定标准操作流程的过程中，需要重视数据的准确性。建立完善的数据管理机制，确保教育管理系统中的数据真实可靠，为后续的教育决策提供准确的依据。

（4）信息共享和协作

在制定标准操作流程时，需要强调信息共享和协作。建立跨部门的信息交流机制，促进各个环节之间的信息共享和协作，提高教育管理的整体效率和水平。

（二）系统功能开发与测试

1.根据需求设计系统功能模块

（1）教务管理功能模块设计

教务管理功能模块包括课程管理、教师管理、学生管理、排课管理等方面。在设计这些功能模块时，需要考虑到课程安排的灵活性、教师资源的合理利用、学生信息的完整性等因素。例如，课程管理模块应该包括课程设置、课程调整、课表查询等功能，以满足教务管理的各项需求。

（2）学生管理功能模块设计

在现代教育管理系统中，学生管理功能模块的设计至关重要，它涵盖了学生档案管理、选课管理、学籍管理等多个核心领域。这些功能模块不仅需要高效地处理大量信息，还需确保操作的简便性和用户的友好性。首先，学生档案管理模块是整个系统的基石。它应包括学生基本信息的录入，如个人资料、家庭背景、入学信息，以及学籍信息的定期维护等。其次，该模块还应提供成绩查询功能，使教育工作者和学生本人能够实时查看学术进展，从而进行必要的调整和规划。其次，选课管理模块的设计需特别注重流程的简化性和便捷性。在传统的选课过程中，学生往往面临课程冲突、选课时间限制等问题。因此，模块应具备智能排课功能，能够自动检测和处理课程冲突，同时提供灵活的选课时间选项，减少学生的困扰。最后，模块还应支持在线选课和退课，确保学生能够根据个人需求和学术规划做出最合适的选择。

（3）课程管理功能模块设计

课程管理功能模块包括课程设置、教材管理、考试管理等方面。在设计这些功能模块时，需要考虑到课程设置的灵活性、教材资源的管理和利用、考试安排的合理性等因素。例如，教材管理模块应该包括教材信息录入、教材采购管理、教材库存管理等功能，以确保教学资源的充分利用和管理。

2.进行系统功能测试

（1）功能测试

在进行系统功能测试时，需要逐一验证系统的各项功能是否符合需求，并确保功能的稳定性和准确性。例如，对于教务管理功能模块，需要测试课程安排是否准确、教师信息是否完整、学生选课流程是否顺畅等。

（2）性能测试

除了功能测试外，还需要进行系统的性能测试，评估系统在高负载下的运行情况和响应速度。性能测试的目的是确保系统能够在实际运行中保持稳定的性能表现，不会因为用户量增加而出现卡顿或崩溃等问题。

（3）安全测试

在进行系统功能测试的同时，还需要进行安全测试，评估系统的安全性和数据保护能力。安全测试包括对系统的漏洞和攻击进行检测和防范，确保系统在网络环境下的安全可靠性。

（三）阶段性实施与反馈

1.分阶段推进数字化教育管理系统的实施

（1）试点实施阶段

在推进数字化教育管理系统实施的初期阶段，可以选择一个或几个功能相对简单的模块进行试点实施。通过试点实施，可以验证系统的稳定性、可用性和实用性，及时发现并解决存在的问题。这一阶段的主要目的是在实践中积累经验，为后续的全面实施奠定基础。

（2）逐步扩大范围

在试点实施取得一定成果后，可以逐步扩大数字化教育管理系统的实施范围。可以根据实际情况，选择适当的时机和地点，逐步引入更多的功能模块和用户群体，以实现全面覆盖和深度应用。在扩大范围的过程中，需要注意系统的稳定性和兼容性，确保系统能够顺利运行和满足用户需求。

2.定期收集用户反馈意见

（1）建立反馈机制

在数字化教育管理系统实施过程中，需要建立起有效的用户反馈机制。可以通过建立意见箱、设置在线反馈通道、定期举办用户满意度调查等方式，收集用户的意见和建议。建立反馈机制有助于及时了解用户的需求和反馈，为系统的改进提供有力支持。

（2）定期评估与改进

收集到用户反馈意见后，需要及时进行评估与改进。可以定期召开专题会议或讨论会，分析用户反馈意见，探讨改进方案，及时调整和优化系统功能和性能。在评估与改进过程中，需要充分考虑用户需求和系统的实际情况，确保改进方案的有效性和可行性。

（3）持续优化和更新

用户反馈意见是数字化教育管理系统持续优化和更新的重要依据。除了及时解决存在的问题和改进系统功能外，还需要根据用户的需求和行业发展趋势，持续进行系统的优化和更新，提升系统的性能和用户体验，保持系统的竞争力和可持续发展能力。

三、数据分析与持续优化

（一）数据采集与分析

1.搜集数字化教育管理系统产生的数据

（1）建立数据采集机制

需要建立完善的数据采集机制，确保系统能够准确地记录和存储各项数据。这包括制定数据采集的标准和规范，明确需要采集的数据类型和来源，确定数据采集的频率和方式等。通过建立数据采集机制，可以实现对教育管理过程中各项数据的全面记录和统一管理。

（2）搜集多维数据

数字化教育管理系统产生的数据涵盖了多个方面，包括学生学习数据、教师教学数据、课程资源数据等。需要搜集多维度、多层次的数据，以全面了解教育管理的各个方面。例如，可以搜集学生的学习行为数据，包括学习时长、学习内容、作业提交情况等；教师的教学记录数据，包括教学计划、教学资源使用情况、学生成绩等；课程资源的利用情况数据，包括课程访问量、资源下载量、在线讨论情况等。

2. 借助数据分析工具进行深入分析

（1）数据预处理

在进行数据分析之前，需要进行数据预处理，包括数据清洗、缺失值处理、异常值检测和处理等。通过数据预处理，可以确保数据的质量和完整性，为后续的分析工作奠定基础。

（2）数据分析与挖掘

借助数据分析工具进行数据处理和可视化分析。可以运用统计学方法、机器学习算法等进行数据分析与挖掘，发现数据中的规律和趋势。例如，可以通过数据分析来探索学生学习的特点和行为规律，发现教学资源的热点和冷门，评估教学效果和学生成绩等。

（3）提炼数据价值

数据分析不仅仅是对数据的简单处理，更重要的是提炼数据背后的价值信息。通过数据分析，可以从海量的数据中提取出对教育管理有价值的信息和见解，为教育管理决策提供科学依据和数据支持。例如，可以根据学生学习数据，个性化推荐学习资源和课程；通过教师教学数据，优化教学计划和资源配置；基于课程资源利用情况数据，优化课程设计和教学方法。

（二）持续优化与迭代

1. 根据数据分析结果优化管理策略

（1）优化课程设置

数据分析可以帮助教育管理者了解学生的学习偏好和需求，根据学生学习行为数据调整课程设置。通过分析学生的学习兴趣、学科偏好和学习进度，可以合理安排课程内容和教学方法，提供符合学生需求的个性化课程。例如，根据学生的学科偏好和学习水平，灵活安排课程时间和教学内容，提供多样化的学习选择，满足不同学生的学习需求。

（2）个性化教学策略调整

通过分析学生学习行为数据，可以为教育管理者提供个性化教学策略的调整建议。根据学生的学习行为和学习效果，调整教学方法和评价方式，提供更加个性化的学习支持和指导。例如，针对不同学生的学习习惯和学习能力，采用不同的教学策略和教学资源，提高学生的学习效果和满意度。

（3）优化教育资源配置策略

数据分析还可以帮助教育管理者优化教育资源的配置策略，提高资源利用效率和教学效果。通过分析教育资源的使用情况和受欢迎程度，合理配置资源，提升资源的使用价值和影响力。例如，根据教师和学生的反馈意见，优化教学资源的选择和推送方式，提供更加符合教学需求的资源支持。

2. 定期进行系统更新与升级

（1）引入前沿技术和方法

在系统更新与升级过程中，可以引入前沿的技术和方法，如人工智能、大数据分析等，提升系统的性能和功能。通过引入这些新技术和方法，可以进一步提高系统的智能化程度和数据分析能力，为教育管理提供更加精细化和个性化的服务和支持。

（2）提升用户体验和满意度

在系统更新与升级过程中，需要着重关注用户体验和满意度。通过优化系统界面设计、功能布局和操作流程等，提升用户的使用体验和满意度。同时，也需要考虑用户反馈意见和建议，及时调整和改进系统，确保系统与用户需求保持一致，提高用户的满意度和忠诚度。

（3）确保系统稳定性和安全性

在进行系统更新与升级时，需要确保系统的稳定性和安全性。要严格测试更新后的系统，确保系统能够稳定运行和正常使用，避免因更新升级导致的系统故障和数据丢失等问题。同时，也要加强系统的安全防护，保护用户的隐私和数据安全，防范各类安全风险和威胁。

第四章

数字技术在教育管理中的应用

第一节　数字技术在学校管理中的应用

一、学校管理信息化系统的建设

（一）学生信息管理系统

学生信息管理系统在学校管理信息化系统中扮演着至关重要的角色。以下是该系统的一些重要方面。

1.学生档案数据库建设

学生信息管理系统负责收集和记录学生的基本信息，包括姓名、性别、出生日期、家庭地址等。这些信息构成了学生的基本档案，为学校提供了准确的学生身份识别和基础信息。

除了基本信息外，学生信息管理系统还记录学生的学业信息，如学习成绩、学分情况、选课记录等。通过系统的管理，学校可以清晰地了解每位学生的学业表现和学习历程，为学生提供个性化的学习支持和指导。

学生信息管理系统将学生的各项信息集中存储于数据库中，实现了信息的统一管理和便捷查询。学校管理人员可以通过系统快速查询学生的信息，例如查找某位学生的联系方式、家庭背景或学习情况等，为学校管理工作提供了高效的支持。

2.学业跟踪与干预

第一，基于学生信息管理系统的学习数据分析，学校可以建立学业预警机制，及时发现学业不佳的学生，并进行相应的干预措施。系统可以识别出学习成绩下滑或学业进展缓慢的学生，学校可以采取个性化的辅导和培训措施，帮助学生及时调整学习状态，提高学业水平。

第二，学生信息管理系统可以根据学生的学习数据和特点，制定个性化的干预方案。系统可以识别学生的学习问题和困难，并给出针对性的解决方案和支持措施，例如安排个性化的学习任务等，以帮助学生克服学习障碍，取得更好的学习成绩。

第三，学校可以利用学生信息管理系统对学业成果进行评估和总结。系统可以记录学生的学习成绩和学习进展，学校可以根据这些数据进行学业成果评估，了解学生的学习情况和成绩表现。通过对学生学业成果的评估，学校可以发现学生的优势和不足，为学校的教学改进和学生的个性化发展提供重要参考。

（二）教师信息管理系统

教师信息管理系统是学校管理信息化系统中另一个重要的组成部分，以下是该系统的关键方面。

1. 教师个人信息管理

教师信息管理系统承载了记录教师个人信息的重要功能。这包括了教师的基本信息、个人背景和资格证书等。首先，系统记录并管理教师的基本信息，如姓名、性别、年龄等，为学校提供了一个全面的教师信息数据库。其次，系统还记录了教师的个人背景，如教育背景、工作经历等，这些信息有助于学校了解教师的专业素养和教学经验。最后，系统还存储了教师的资格证书和职称信息，包括教师资格证、教师职称证书等，为学校对教师资格和职称的管理提供了便利。

2. 教学经历和教学成果管理

教师信息管理系统还负责记录和管理教师的教学经历和教学成果。这方面的信息包括了教师的教学科目、授课年限、教学评价等。首先，系统记录了教师的教学科目和授课年限，为学校了解教师的教学领域和经验提供了依据。其次，系统还管理了教师的教学成果，包括教学奖励、教学论文、教学研究等，这些成果反映了教师在教学实践中的贡献和成就。通过对教师的教学经历和成果进行管理和评估，学校可以及时发现和表彰优秀教师，激励教师的教学创新和发展。

3. 教师发展与培训管理

教师信息管理系统也是教师发展与培训的重要平台。系统记录了教师的教学需求和培训情况，为学校开展教师培训和发展计划提供了数据支持。首先，系统收集了教师的教学需求和发展目标，包括专业素质提升、教学方法改进等，为学校了解教师的培训需求提供了依据。其次，系统记录了教师参加的培训活动和培训成果，包括培训课程、培训证书等，为学校评估培训效果和教师发展提供了数据支持。通过系统的管理，学校可以根据教师的实际需求和培训成果，制定个性化的教师发展计划，提升教师的教学水平和专业素养。

（三）教务管理系统

1.课程管理与排课功能

教务管理系统在课程管理与排课功能方面扮演着至关重要的角色。该功能主要包括以下几个方面。

（1）课程管理

教务管理系统负责记录和管理学校的所有课程信息。这包括课程名称、课程描述、授课教师、课程学分等内容。通过系统的课程管理功能，学校可以清晰地了解到各个课程的基本情况，为学生选课提供依据，也为教师的教学安排提供支持。

（2）教学计划制订

教务管理系统根据学校的教学计划和课程安排，自动生成学期教学计划。这些计划包括每学期各个学科的授课内容、教学目标、教学进度等信息。教务管理系统的教学计划制订功能有助于学校统一规划教学工作，保证课程的系统性和连贯性。

（3）选课管理

教务管理系统提供了学生选课的在线平台，学生可以通过系统自主选择所需的课程。系统会根据学生的选课情况和课程容量自动进行课程安排和调整，确保每门课程的师资力量和学生数量的平衡。

（4）排课功能

教务管理系统根据学校的教学计划和课程需求，自动生成课程表和教师排课表。系统考虑到教室资源、教师的授课时间等因素，合理安排课程的上课时间和地点，避免课程冲突和资源浪费。

2.考试安排与成绩管理

教务管理系统在考试安排与成绩管理方面发挥着至关重要的作用，其功能主要包括以下几个方面。

（1）考试安排

教务管理系统根据学校的教学计划和课程安排，自动生成考试时间表和考场安排表。系统考虑到学生选课情况、教室资源等因素，合理安排考试的时间和地点，确保考试的顺利进行。同时，系统还可以实时更新考试信息，提醒学生和教师注意考试安排和注意事项。

（2）考试监督与管理

教务管理系统提供了考试监督与管理的功能，包括考场安排、考试监考人员的安排、考试规则的制定等。系统可以对学生参加考试的身份进行验证，防止作弊行为的发生，保证考试的公平公正。同时，系统还可以实时监测考试过程中的异常情况，及时进行处理和调整。

（3）成绩录入与统计

教务管理系统负责记录和管理学生的考试成绩。教师可以通过系统将学生的考试成绩录入系统，并进行统计分析。系统可以根据不同课程和学科，自动生成成绩统计表和分析报告，帮助教师了解学生的学习情况和成绩分布，及时采取措施进行教学调整和改进。

（4）成绩发布与反馈

教务管理系统还负责成绩发布与反馈工作。学校可以通过系统向学生发布成绩通知和成绩单，同时为学生提供成绩查询和申诉的渠道。系统可以实现成绩的快速发布和准确反馈，提高学生和家长对学校成绩管理工作的满意度和信任度。

二、智能化的学校管理应用

（一）人工智能技术在学校管理中的应用

1. 个性化学习推荐

（1）学习数据分析

个性化学习推荐依托人工智能技术，通过对学生的学习数据进行深入分析与处理实现。系统通过获取并分析学生的学习习惯、兴趣偏好和过往学习记录等信息，构建出学生的学习模型和个性化学习画像。

（2）学习兴趣匹配

个性化学习推荐系统根据学生的兴趣爱好和学习偏好，匹配适合的学习资源和课程内容。通过学习算法的运用，系统可以自动筛选和推荐符合学生兴趣和水平的学习材料和课程内容，提高学生的学习兴趣和参与度。

（3）智能学习路径规划

在现代教育技术的推动下，个性化学习推荐系统正逐渐成为教育领域的一项重要工具。这一系统不仅能够根据学生的具体学习情况和既定目标，智能地规划出一条高效的学习路径，还能动态调整学习计划，以适应学生的个体差异和学习进度。通过这种方式，系统能够确保每位学生都能在最优的学习环境中，以最适合自己的节奏和方式，达成学业目标。

2. 智能教学辅助系统

（1）实时学情监测

智能教学辅助系统能够实时监测学生的学习情况和学习状态。系统通过对学生的学习行为和学习数据的分析，识别学生的学习模式和学习特点，为教师提供及时的学情反馈和学生状态评估。

（2）个性化学习辅导

智能教学辅助系统根据学生的学习情况和学习需求，为其提供个性化的学习辅导和指导。系统能够识别学生在学习中遇到的难点，提供定制化的解决策略和学习建议，帮助学生突破瓶颈，增强学习成果。

（3）教学资源推荐

智能教学辅助系统能够根据教学内容和学生学习需求，智能推荐适合的教学资源和学习工具。系统可以根据学生的学习情况和学习目标，为其推荐符合要求的学习材料和教学工具，提高学生的学习效率和学习成果。

3. 智能诊断与干预

（1）学习问题识别

智能诊断系统通过对学生学习数据和行为的分析，能够及时识别学生的学习问题和学习困难。系统可以分析学生的学习行为模式、作业表现、考试成绩等数据，发现学习中的薄弱环节和难点。

（2）个性化干预措施

在教育领域，个性化干预措施的实施已成为提升学生学习成果的关键策略。智能诊断系统，作为现代教育技术的杰出代表，能够深入分析学生的学习行为和认知特点，从而量身定制个性化的支持方案。这种系统不仅能够识别学生的学习瓶颈，还能根据其具体的学术需求和学习风格，制订出最有效的学习路径和策略。

（3）智能辅导与指导

智能诊断系统可以为学生提供智能辅导和学习指导。系统可以根据学生的学习问题和学习需求，为其提供针对性的学习建议和解决方案，帮助学生改进学习方法，提高学习能力和学习成绩。

（二）大数据分析在学校管理中的应用

1. 学生学习行为分析

（1）学习行为数据的收集与分析

学校可以通过学习管理系统、在线学习平台等渠道收集学生的学习行为数据，包括学习轨迹、学习时长、学习资源使用情况等。这些数据可以通过数据挖掘和大数据分析技术进行处理和分析，以深入了解学生的学习模式和习惯。例如，可以分析学生在学习平台上的浏览记录、学习视频观看时长、作业完成情况等，从而揭示学生的学习偏好和学习行为规律。

（2）学生学习特点的发现与应用

通过大数据分析，学校可以发现学生的学习特点和趋势，并将这些发现应用于教学实践中。例如，通过分析学生的学习时长和学习效果之间的关系，可以发现哪些学生更适合长时间的学习，哪些学生更适合短时间集中学习。学校可以根据这些特点，制定不同的教学策略和课程安排，以更好地满足学生的学习需求，提高教学效果。

（3）个性化学习路径的设计与优化

基于学生学习行为数据的分析，学校可以为学生设计个性化的学习路径，并通过智能化的学习管理系统实施和优化。例如，根据学生的学习轨迹和学习偏好，系统可以推荐适合学生的学习资源和课程内容，帮助学生更高效地学习。同时，系统还可以监测学生的学习进度和学习效果，及时调整学习路径，确保学生的学习效果最大化。

2. 教学资源优化

（1）教学资源使用情况分析与评估

学校可以通过大数据分析技术对教学资源的使用情况进行全面分析和评估。通过收集和分析教师和学生对教材、课件、多媒体资料等教学资源的使用情况和效果，学校可以了解到哪些资源受到了广泛认可和利用，哪些资源存在使用率较低或效果不佳的问题，从而为教学资源的优化提供参考依据。

（2）优质教学资源的发现与推广

大数据分析可以帮助学校发现和利用优质的教学资源，提高教学效果和教学质量。通过分析教学资源的使用情况和效果，学校可以发现哪些资源备受欢迎和好评，哪些资源具有较高的教学效果，从而针对性地推广和应用这些优质教学资源，以提升教学质量和学生学习体验。

（3）教学资源的更新与改进

通过大数据分析，学校可以及时发现和解决教学资源存在的问题和不足之处，从而进行资源的更新和改进。例如，可以根据学生和教师的反馈意见，对教材内容进行修订和完善，对课件和多媒体资料进行更新和优化，以适应教学需求的变化和发展。

3.学校管理决策支持

（1）学校管理数据的收集与整理

为了进行管理决策支持的大数据分析，学校需要收集、整理和管理大量的管理数据，包括学生信息、教师信息、教学资源、财务数据等。这些数据可以通过学校管理信息系统和其他数据来源进行收集，经过整理和清洗后形成可供分析的数据集。

（2）学校管理业务的分析与挖掘

通过大数据分析技术，学校可以对管理数据进行全面地分析和挖掘，发现数据之间的关联性和规律性。例如，可以分析学生的选课情况和学习成绩之间的关系，发现学生的学习偏好和学业发展趋势；可以分析教师的教学评价和教学成果之间的关系，评估教师的教学水平和质量；还可以分析学校的财务数据和资源利用情况，发现潜在的节约和优化空间。

（3）管理决策的制定与优化

基于对管理数据的分析和挖掘，学校可以制定更科学、更合理的管理决策，以提升学校的教育教学质量和管理效率。例如，可以根据学生选课情况和学习成绩数据，调整课程设置和教学计划，提高教学质量和学生满意度；可以根据教师教学评价和教学成果数据，制定教师培训和激励政策，促进教师的专业发展和成长；还可以根据财务数据分析结果，优化资源配置和预算管理，实现教育资源的合理利用和最大化效益。

第二节　数字技术在课程设计中的应用

一、丰富的教学资源和工具

（一）网络教学平台

1. 网络教学平台的功能和特点

网络教学平台是一种基于互联网技术的教学管理系统，具有诸多功能和特点。首先，它提供了丰富的教学资源，包括课件、教学视频、习题库等，教师可以根据需要灵活选择和利用这些资源。其次，网络教学平台支持教师和学生的在线互动和交流，可以通过讨论区、在线答疑等功能促进师生之间的沟通与交流。最后，网络教学平台还具备课程管理和评价功能，教师可以在平台上发布课程信息、布置作业、进行考核评价等管理工作。

2. 网络教学平台在课程设计中的应用

在课程设计中，教师可以充分利用网络教学平台提供的丰富资源和工具，设计出富有创意和趣味性的课程内容。例如，教师可以从平台上搜索到与课程内容相关的优质教学资源，如图文资料、实例案例、教学视频等，并将其整合到课程设计中，丰富了课程的内容和形式。同时，通过网络教学平台上的互动功能，教师还可以设计各种在线课堂活动，如在线讨论、小组合作、网络考试等，提高了课堂教学的参与性和趣味性。

3. 网络教学平台的优势和意义

网络教学平台的应用为课程设计带来了诸多优势和意义。首先，它可以打破时空限制，实现教学资源的全球化共享和交流，为教师提供了更广阔的教学视野和资金来源。其次，网络教学平台的互动功能可以促进师生之间的互动与合作，激发学生的学习兴趣和积极性。最后，网络教学平台还可以实现课程管理的智能化和个性化，为教师提供了便捷的课程管理和评价工具，提高了教学管理的效率和水平。

（二）在线教育资源

1. 在线教育资源的种类和来源

在线教育资源是指通过互联网提供的各种教育学习资源，包括 MOOC 课程、教学博客、学术网站、在线教程等。这些资金来源广泛，涵盖了各个学科领域和教育层次，可以为教师和学生提供丰富多样的学习资料和课程内容。例如，MOOC 课程由世界各地的知名大学和专家团队提供，覆盖了众多学科和领域，为学生提供了高质量的在线学习机会。

2. 在线教育资源的特点和优势

在线教育资源具有诸多特点和优势。首先，它具有高度的灵活性和可访问性，学生可以根据自己的学习需求和兴趣自由选择学习时间和地点。其次，在线教育资源的内容丰富多样，涵盖了各种形式的学习资料和教学内容，能够满足不同学生群体的学习需求。最后，在线教育资源还具有互动性和实时性，学生可以通过在线讨论、问答平台等与教师和其他学生进行交流和互动，促进学习效果的提高。

3. 在线教育资源在课程设计中的应用

在课程设计中，教师可以利用在线教育资源为课程设计提供丰富的参考和支持。例如，教师可以搜索并引用 MOOC 课程中的优质教学内容，作为课程的补充材料或拓展资源；可以参考学术网站上的最新研究成果，为课程内容的更新和扩展提供依据。同时，教师还可以鼓励学生利用在线教育资源进行自主学习和拓展，提高学生的学习主动性和自主能力。

（三）多媒体教学软件

1. 多媒体教学软件的种类和功能

多媒体教学软件是一种结合了图像、声音、视频等多种媒体形式的教学工具，具有丰富的功能和特点。常见的多媒体教学软件包括 PPT、视频制作软件、交互式课件软件等。这些软件可以帮助教师制作丰富多彩的教学素材，通过多媒体形式展示课程内容，提高学生的学习兴趣和理解能力。

2. 多媒体教学软件在课程设计中的应用

在课程设计中，教师可以利用多媒体教学软件制作各种形式的教学素材，如 PPT 课件、教学视频、动画演示等，以丰富课程的内容和形式。例如，教师可以使用 PPT 制作精美的课件，配合音频和视频资料，呈现课程内容，加强对抽象概念的解释和演示，提高学生的学习效果和效率。同时，教师还可以利用视频制作软件制作教学视频，展示实验操作过程或案例分析过程，使学生能够更直观地理解和掌握课程内容。

3. 多媒体教学软件的优势和意义

多媒体教学软件具有诸多优势和意义。首先，它能够突破传统教学方式的限制，以生动、直观的形式呈现课程内容，提高了学生的学习兴趣和参与度。其次，多媒体教学软件具有灵活性和可重复性，教师可以根据需要随时调整和修改教学素材，适应不同的教学场景和教学目标。最后，多媒体教学软件还能够满足学生对多样化学习资源的需求，促进了学生的自主学习和深度学习。

二、广阔的教学空间

（一）网络课堂

1. 网络课堂的特点和功能

网络课堂是利用互联网技术进行远程教学和学习的一种形式。其特点在于可以跨越时间和地域的限制，学生可以通过网络平台随时随地参与课程学习。网络课堂通常包含诸多功能，如在线直播授课、在线讨论、作业提交与批改、资源共享等。教师可以通过网络课堂向学生传授知识，组织各种教学活动，实现在线教学和学习。

2. 网络课堂在课程设计中的应用

在课程设计中，教师可以充分利用网络课堂的特点和功能，设计出富有创新性和互动性的教学活动。例如，教师可以在网络课堂上进行知识讲解和案例分析，通过图文、音视频等多种形式展示课程内容，吸引学生的注意力和提高学习效果。同时，教师还可以组织在线讨论和小组合作，促进学生之间的交流和合作，培养学生的团队合作能力和解决问题的能力。

3. 网络课堂的优势和意义

网络课堂在课程设计中具有诸多优势和意义。首先，它能够实现教学资源的共享和利用，教师可以根据需要选择和利用丰富的教学资源，提高课程的质量和效果。其次，网络课堂可以打破传统教学的时间和地域限制，学生可以根据自身的时间和空间安排自由选择课程学习，提高了学习的灵活性和便利性。最后，网络课堂还可以促进师生之间的互动与交流，激发学生的学习兴趣和积极性，提高了教学效果和学生满意度。

（二）远程教学技术

1.远程教学技术的种类和应用

远程教学技术是利用通信技术实现教师与学生之间远距离教学和学习的一种方式。常见的远程教学技术包括视频会议、直播教学、录播课程等。通过这些技术手段，教师可以实现与学生的实时交流和互动，将课程内容传递到不同地区的学生中。

2.远程教学技术在课程设计中的应用

在课程设计中，教师可以利用远程教学技术为课程增加灵活性和多样性。例如，教师可以通过视频会议工具进行远程授课，向不同地区的学生进行教学；可以利用直播技术进行在线直播教学，吸引更多学生参与课程学习。另外，教师还可以录制课程视频，作为课程资源进行共享和利用，让更多学生受益于课程教学。

3.远程教学技术的优势和意义

远程教学技术在课程设计中具有诸多优势和意义。首先，它能够实现教育资源的共享和利用，让优质教育资源覆盖更广泛的地区和群体。其次，远程教学技术可以节省教学成本和时间成本，提高教学效率和教学资源的利用率。最后，远程教学技术还可以促进师生之间的互动与交流，加强教学效果和学生学习动力。

三、全面的评估手段

（一）多样化的评估方法

1.在线测验

在线测验是数字技术在学生评估中常用的方法之一。通过在线测验，教师可以快速、准确地了解学生对所学知识的掌握程度和理解程度。这种评估方法具有即时性和客观性的特点，能够帮助教师及时调整教学策略和内容，以满足学生的学习需求。此外，通过在线测验还可以对学生的学习进度进行跟踪和记录，为个性化教学提供数据支持。

2.作业提交

作业提交是另一种常用的数字化评估方法。学生可以通过在线平台提交作业，教师可以及时查阅和评价。相比传统的纸质作业，这种方式更加便捷和高效，同时还能够减少作业丢失或损坏的情况。通过作业提交，教师可以评估学生的独立思考能力、创造力以及表达能力，为学生提供个性化的指导和建议。

3.学习日志分析

学习日志分析是一种更加细致和深入的评估方法。通过学生的学习日志，教师可以了解学生的学习过程、学习习惯以及面临的困难和挑战。这种评估方法能够帮助教师更好地了解学生的学习情况，及时发现和解决学习中的问题，提高教学效果和学习质量。同时，学习日志分析也能够促进学生的自我反思和增强意识，培养其自主学习的能力和习惯。

（二）高效的评估工具

1.在线评分系统

在线评分系统是数字技术提供的一种高效的评估工具。教师可以通过在线平台对学生的作业、测验等进行评分和记录，省去了烦琐的手工评分过程，提高了评估效率和准确性。同时，在线评分系统还能够自动生成评分报告和统计分析，为教师提供全面的评估数据，帮助其更好地了解学生的学习情况和成绩表现。

2.学习管理系统

学习管理系统是一种集成化的评估工具，不仅包括评分功能，还涵盖了学生档案管理、课程管理、学习资源管理等多个方面。通过学习管理系统，教师可以方便地管理学生的学习资料和成绩记录，实现了评估数据的集中管理和统计分析。此外，学习管理系统还能够为学生和家长提供学习反馈和进度跟踪，促进学校、教师和家长之间的沟通和合作。

3.智能教学辅助工具

智能教学辅助工具是数字技术在学生评估中的创新应用之一。这些工具基于人工智能和大数据分析技术，能够实现对学生学习过程的实时监测和智能分析。通过智能教学辅助工具，教师可以及时发现学生的学习问题和困难，并给予个性化的辅导和指导，提高了教学的针对性和有效性。同时，这些工具还能够为教师提供教学建议和改进方案，促进教学过程的不断优化和提升。

（三）创新的评估模式

1.智能评价系统

智能评价系统是数字技术在学生评估中的创新模式之一。该系统基于人工智能技术，能够根据学生的学习情况和特点，提供个性化的评价和建议。通过智能评价系统，教师可以为每个学生量身定制评价计划，根据其学习能力、兴趣和学科特点进行个性化评估。系统可以分析学生的学习数据和行为模式，识别出学习中的弱点和潜在问题，并提供针对性地改进建议。这种智能化的评价模式不仅能够帮助学生更好地了解自己的学习情况，还能够为教师提供宝贵的教学参考，促进教学的个性化和差异化。

2.学生自评与互评

数字技术还促进了学生自评与互评的发展。通过在线平台或应用程序，学生可以对自己的学习情况进行评价和反思，并与同学之间进行互动和交流。这种自评与互评的方式能够激发学生的自主学习意识和自我管理能力，提高其学习动机和学习效果。同时，学生之间的互评活动也能够促进团队合作和集体学习，培养学生的合作精神和社交能力。

3.综合评价与多维度评估

数字技术还支持综合评价与多维度评估的实现。传统的评估往往局限于学生的学术成绩，而数字化评估则可以更全面地考量学生的综合素养和能力发展。教师可以结合学生的学习表现、课堂表现、社会实践活动等多方面的数据，进行综合评价，更准确地了解学生的整体发展情况。这种多维度评估能够更好地反映学生的个性特点和潜力，为其个性化发展和成长提供更有针对性地支持和指导。

第三节　数字技术在学生评估中的应用

一、数据化评估

（一）学习管理系统（LMS）的应用

1.LMS平台的功能特点

学习管理系统（LMS）是一种集课程管理、学习资源管理、在线学习和评估等多种功能于一体的数字化教育平台。在应用于学生评估时，LMS 具备多项特点。首先，教师可以利用 LMS 平台创建和管理课程，涵盖课程大纲、教学资源和作业任务等内容。其次，学生可以通过该平台进行在线学习，包括观看视频、阅读文档和参与讨论。最后，教师可以发布作业和测验，学生完成后在平台上提交，教师则进行评分并提供反馈。

2. 实时数据收集和分析

教师可以通过 LMS 平台实时收集学生的学习数据，包括作业完成情况、测验成绩、讨论参与情况等。这些数据可以帮助教师了解学生的学习进度和表现，及时进行评估和干预。例如，教师可以通过作业数据发现学生的学习困难，及时给予帮助和指导，提高学生的学习效果。

3. 个性化评估和反馈

基于 LMS 平台收集的学习数据，教师可以实现对学生的个性化评估和反馈。通过分析学生的学习行为和成绩，教师可以发现学生的学习特点和问题，针对性地提供个性化的学习建议和指导。例如，对于学习成绩较好的学生，可以给予更高级别的挑战性作业；对于学习成绩较差的学生，可以提供更多的辅导和补充学习资源。

（二）在线测试工具的使用

1. 多样化的题型设置

在线测试工具提供了丰富多样的题型设置，包括单选题、多选题、填空题、简答题等。教师可以根据不同的评估目标和学科特点，灵活选择题型，全面评估学生的知识掌握程度和能力水平。例如，在语言类课程中可以设置听力题和阅读理解题，考查学生的语言听说读写能力；在数学类课程中可以设置计算题和应用题，考查学生的数学运算和问题解决能力。

2. 自动化评分和反馈

在线测试工具具有自动化评分和反馈的功能，能够快速、准确地对学生的答题情况进行评分，并及时给予反馈。这种评估方式节省了教师的时间，同时也提高了评估的效率和客观性。学生可以在测试结束后立即查看成绩和答题情况，了解自己的表现并及时调整学习策略。

3. 灵活地测试安排和管理

在线测试工具支持灵活的测试安排和管理，教师可以根据教学进度和学生需求，随时设置和发布测试任务。同时，还可以对测试内容和时长进行调整，以满足不同学生的评估需求。此外，教师还可以根据测试结果对教学计划和内容进行调整，提高教学效果和学习质量。

二、实时反馈与个性化指导

（一）在线作业和测试平台的反馈机制

1. 实时评分和评价

在线作业和测试平台为教师提供了实时评分和评价学生作业的便利途径。一旦学生提交了作业或完成了测试，系统即可自动进行评分，并即时生成评价反馈。这种实时的评分和评价机制对于学生和教师都具有重要意义。

对于学生而言，实时评分和评价意味着他们能够在最短的时间内了解自己的表现情况。不必等待教师花费大量时间批改作业或测试，学生可以立即得知自己的得分和评价，及时了解自己的优势和不足。这种即时性的反馈可以帮助学生更好地掌握学习进度，及时调整学习策略，提高学习效率和成绩。此外，实时评价还可以激发学生的学习动力，因为他们能够立即看到自己的努力成果，从而更有动力继续努力学习。

对于教师而言，实时评分和评价机制也具有重要价值。首先，它节省了教师大量的时间和精力，避免了传统方式下烦琐的手动批改作业和测试的过程。教师可以将更多的时间用于备课、教学设计和个性化指导，提高了教学效率。其次，实时评价可以帮助教师更及时地发现学生的学习问题和困难，有针对性地进行教学干预和辅导，提高了教学的针对性和有效性。最后，实时评价还可以促进教师和学生之间的及时沟通和互动，建立起良好的学习反馈机制，促进教学和学习的双向发展。

2. 个性化建议指导

在线作业和测试平台不仅可以提供实时评分和评价，还能够根据学生的表现和答题情况，提供个性化的建议和指导。这种个性化的建议和指导是基于系统对学生学习数据的分析和挖掘，旨在帮助学生更好地理解知识、提高学习效率，以及克服学习中的困难和障碍。

第一，个性化建议可以针对学生的学习情况和学习需求进行定制化。系统通过分析学生的答题情况、错题分布、知识掌握程度等数据，识别出学生的学习弱点和薄弱环节。然后，根据这些分析结果，系统可以生成针对性的建议，指导学生在薄弱领域加强学习，例如推荐相关的学习资源、提供专项练习题或建议学习方法。这种个性化的建议能够更精准地满足学生的学习需求，提高学习的针对性和有效性。

第二，个性化建议还可以帮助学生更好地规划学习进程和制定学习目标。通过分析学生的学习数据和学习历史，系统可以了解学生的学习习惯、学习节奏和学习目标，从而为其提供个性化的学习规划和目标设定。系统可以根据学生的学习速度和能力水平，合理安排学习任务和时间分配，确保学生能够在适当的时间内完成学习目标，提高学习的效率和成果。

第三，个性化建议还可以激发学生的学习兴趣和动力。通过向学生推荐与其兴趣相关的学习资源和课程内容，系统可以增强学生的学习主动性和参与度。个性化的建议不仅能够帮助学生更好地理解知识，还能够激发其学习的兴趣和热情，提高学习的主动性和积极性。

3. 自动反馈和订正

在线作业和测试平台的自动反馈和订正功能是数字化评估中的重要组成部分。这一功能的实施使得学生在完成作业或测试后，能够获得即时的反馈和订正建议，从而及时了解自己的错误，加深对知识点的理解，提高学习效果。

第一，自动反馈和订正功能能够提供即时的指导和辅导。当学生提交作业或完成测试后，系统会立即对答案进行自动评分，并根据学生的答题情况给出相应的反馈。如果学生的答案是错误的，系统会自动提示正确的答案或给出解题过程，帮助学生理解和纠正错误。这种即时的指导和辅导可以帮助学生及时发现和纠正错误，加深对知识点的理解，提高学习的效率和质量。

第二，自动反馈和订正功能能够个性化地指导学生学习。系统可以根据学生的答题情况和错题分布，针对性地给出订正建议。例如，对于同一道题目，系统可以根据学生的答题情况，给出不同的订正建议，帮助学生针对性地改正错误。这种个性化的指导和订正能够更好地满足学生的学习需求，提高学习的针对性和有效性。

第三，自动反馈和订正功能还能够促进学生的自主学习和自我纠错能力的培养。学生在接受自动反馈和订正的过程中，需要对比自己的答案和正确答案，分析错误的原因，并尝试进行订正。这种自主学习和自我纠错的过程有助于提高学生的学习自觉性和学习能力，培养其独立思考和问题解决的能力。

（二）智能辅助工具的个性化指导

1. 学习分析和学习模式识别

智能辅助工具在学习分析和学习模式识别方面发挥着重要作用。通过学习分析技术，这些工具可以深入挖掘学生的学习数据，并识别出他们的学习模式和习惯。这种个性化的分析和识别为学生提供了更加精准和针对性地学习建议和指导，有助于提高学习效果和学习体验。

第一，智能辅助工具可以分析学生的学习时间分布。通过监测学生的学习行为，系统可以了解到学生在一天中不同时间段的学习时长和学习活跃度。例如，系统可以识别出学生是更倾向于在早晨、下午还是晚上进行学习，进而为其提供在最佳学习时段进行学习的建议。这种个性化的时间管理建议可以帮助学生合理规划学习时间，提高学习效率。

第二，智能辅助工具可以分析学生的学习路径和偏好。系统可以跟踪学生在学习过程中的点击、浏览和搜索行为，了解他们对学习资源的偏好和选择习惯。例如，系统可以识别出学生更喜欢哪种类型的学习资源、倾向于选择哪些学习路径等，然后根据分析结果为其推荐相应的学习资源和学习路径。这种个性化的学习资源推荐可以提高学生的学习兴趣和参与度，促进其学习动机和学习效果。

第三，智能辅助工具还可以分析学生的学习行为模式。通过对学生的学习数据进行深入分析，系统可以识别出学生的学习偏好、学习策略和学习习惯。例如，系统可以了解到学生更喜欢独立学习还是团队合作学习、更喜欢阅读还是听讲等，然后根据分析结果为其提供相应的学习建议和指导。

2. 智能学习推荐

第一，智能学习推荐是智能辅助工具在学习支持方面的重要功能之一。通过学习分析的结果，系统可以深入了解学生的学习需求、水平和偏好，然后根据这些信息向学生推荐适合其个性化学习的资源和路径。这种个性化的学习推荐有助于提高学生的学习效果和学习体验，促进其个性化学习的发展和成长。

智能学习推荐的核心在于根据学生的学习需求和水平，为其提供合适的学习资源。例如，对于学习某一知识点较薄弱的学生，系统可以推荐针对该知识点的教学视频、在线课程、练习题或学习资料。这些资源可能涵盖不同形式和难度的学习材料，以满足不同学生的学习需求和学习风格。同时，系统还可以根据学生的学习水平和偏好，对推荐的资源进行个性化地排序和筛选，确保学生能够找到最适合自己的学习资源。

第二，除了针对特定知识点的学习资源推荐，智能学习推荐还可以为学生提供个性化的学习路径。系统可以根据学生的学习历史、知识点掌握情况和学习目标，为其制定个性化的学习计划和学习路线图。这种学习路径可以包括一系列连贯的学习活动，如阅读材料、观看视频、完成练习等，以帮助学生系统地学习和掌握知识。

第三，智能学习推荐还可以根据学生的学习进度和反馈信息进行动态调整。系统可以实时监测学生的学习情况，根据其学习进度和表现调整推荐的学习资源和学习路径，以保持与学生学习状态的匹配度。这种动态调整能够确保学生始终获得最合适的学习支持，提高其学习效果和学习体验。

3. 智能辅导和指导

智能辅导和指导是智能辅助工具在学习支持领域的重要功能之一。通过智能对话系统，学生可以与系统进行实时交互，向其提出问题并获得个性化的辅导和指导。这种智能辅导和指导为学生提供了更加便捷和高效的学习支持，有助于解决学习中的疑惑和困难，提高学习效率和成果。

智能对话系统的核心在于其能够理解学生的问题并给出针对性地解答和建议。通过自然语言处理和人工智能技术，系统可以分析学生提出的问题，识别问题的关键点，并据此给出相应的回答和指导。这种智能辅导和指导可以涵盖多个学科和领域，满足学生在各种学习情境下的需求。

智能辅导和指导的优势在于其个性化和实时性。与传统的课堂教学相比，智能辅导和指导可以根据学生的学习进度和需求，提供针对性地帮助和支持。无论是在学习过程中遇到的难题还是对知识点的深入理解，学生都可以通过与智能对话系统交流，获得及时的反馈和指导，帮助其更好地理解和消化所学知识。

（三）学习过程可视化

1. 学习进度追踪

学习进度追踪是学习管理系统和学习分析工具的重要功能之一，它为教师和学生提供了可视化的学习数据，帮助他们更清晰地了解学生的学习活动和进度。

通过将学生的学习进度以图形化或图像化的形式展示出来，系统可以有效地辅助教学管理和学生自主学习。

第一，学习管理系统和学习分析工具可以显示学生每天的学习时间。通过记录学生在学习管理系统中的在线学习时间，系统可以生成学生每天的学习时长统计数据，并以直观的图表形式展示出来。教师和学生可以通过这些数据了解学生的学习习惯和学习态势，及时发现学生学习时间不足或过多的情况，以便采取相应的教学或学习干预措施。

第二，学习进度追踪还可以显示学生的学习任务完成情况。学习管理系统通常会为教师设定学习任务，如布置作业、设置在线测验等，系统可以记录学生完成任务的情况并及时反馈给教师。通过学生的任务完成情况统计，教师可以了解学生在学习过程中的实际表现，发现学生的学习进度是否与教学计划相符合，及时调整教学策略或课程安排。

第三，学习进度追踪还可以显示学生在课程中的具体学习进度。教师可以通过学习管理系统查看学生的学习轨迹和学习内容访问情况，了解学生是否按时完成课程内容的学习，并根据学生的学习进度进行个性化的指导和辅导。学生也可以通过系统查看自己的学习进度，及时调整学习计划，提高学习效率和学习成果。

2. 学习行为分析

学习行为分析是学习管理系统和学习分析工具的关键功能之一，通过对学生在学习过程中的行为数据进行深入分析，可以帮助教师更好地了解学生的学习行为模式和偏好，从而进行个性化的教学指导和管理。

通过学习过程的可视化，系统可以展示学生在学习平台上的各种行为数据，如点击行为、停留时间、访问路径等。教师可以通过这些数据分析学生的学习活动情况，包括学生对不同学习资源的使用情况、学习时长和学习深度等。例如，教师可以了解学生在学习课程内容时停留的时间长短，以及在学习某一知识点时的点击频率，从而推断学生对该知识点的掌握程度和学习兴趣。

基于学习行为分析的结果，教师可以识别出学生的学习行为模式和偏好。例如，有些学生可能更倾向于通过观看视频来学习，而另一些学生可能更喜欢阅读文字材料。通过了解学生的学习偏好，教师可以针对性地调整教学内容和教学方式，提供更适合学生的学习资源和学习环境，从而提高学生的学习积极性和效果。

除了帮助教师个性化地指导学生之外，学习行为分析还可以为学校管理提供重要的参考依据。通过分析学生的学习行为数据，学校可以了解学生的学习习惯和特点，优化教学资源的配置和利用，提高教学效果和学生满意度。例如，学校可以根据学生的学习行为数据，调整课程设置和教学计划，提供更加个性化和差异化的教学服务，满足不同学生的学习需求。

3. 学习成果展示

学习成果展示是学习管理系统和在线教育平台中的重要功能之一，它为学生提供了展示自己学习成果和实际表现的机会，有助于学生展示个人能力和学习进步，促进其自我反思和自我评价，进而推动学习的进步和成长。

第一，学生可以通过学习管理系统上传学习作品。在学习过程中，学生完成了各种作业、项目或实践任务，这些作品可以是论文、报告、设计方案、程序代码等形式。学生可以将这些作品上传至学习管理系统的作业提交平台或者个人学习空间，供教师和其他同学查阅。通过这种方式，学生可以充分展示自己在学习过程中所取得的成果和进展，体现个人的学术能力和专业水平。

第二，学生可以完成项目展示。在一些课程或学科中，教师可能会组织学生进行一些项目性的学习活动，如科研项目、实践项目、设计项目等。学生可以将项目的设计方案、实施过程、成果展示等内容上传至学习管理系统的项目展示平台，通过文字、图片、视频等形式进行展示。这样不仅可以让其他同学了解学生所参与的项目，还可以让学生在公开的平台上展示自己的实际表现和解决问题的能力。

第三，学习管理系统还可以提供学生学习过程的可视化展示功能。学生可以通过个人学习空间或学习日志功能，记录自己的学习历程、学习心得和体会。这些内容可以通过图文结合、时间轴、地图等形式进行展示，让其他人了解学生的学习过程和成长历程。同时，学生还可以将自己在课堂、实验室、社会实践等场景中的学习情况通过文字描述、图片、视频等形式进行展示，向他人展示自己的学习成果和学习体验。

三、协作评估

（一）利用在线协作工具和平台促进学生之间的协作评估

1. 团队项目中的相互评价机制

在团队项目中，学生可以通过在线协作工具和平台进行相互评价。这种评价机制可以促进学生之间的交流和合作，提高团队合作的效率和质量。例如，在一个团队项目中，每位成员都可以向其他成员提供反馈，评价其在项目中的表现和贡献。评价内容可以涵盖工作质量、责任心、团队协作能力等方面，帮助成员了解自己的优势和不足，从而提升个人的综合素质和团队的整体表现。

2. 建立评价标准和指标体系

为了实现有效地协作评估，学校可以建立评价标准和指标体系，明确评价的对象和内容。评价标准可以根据项目的性质和要求进行确定，包括工作质量、责任心、沟通能力、解决问题能力等方面。这样可以使评价更具针对性和客观性，避免主观因素的影响，确保评价结果的准确性和公正性。

3. 指导学生进行有效的评价与反馈

为了使学生能够有效地进行评价与反馈，学校可以开展相关的培训和指导活动。这些活动可以包括讲座、研讨会、案例分析等形式，旨在帮助学生了解评价的目的和方法，掌握有效的评价技巧和策略。通过培训和指导，学生可以更好地理解评价的重要性，提高评价的准确性和有效性，从而促进团队合作的持续发展和提升学生的综合素质。

（二）协作评估促进学生合作与批判性思维的培养

1. 合作意识与团队精神的培养

通过参与协作评估，学生不仅可以评价他人的表现，也会接受他人的评价，从而培养出良好的合作意识和团队精神。在协作评估的过程中，学生需要倾听和理解他人的意见，同时也需要表达自己的看法，促进双向交流与合作，从而形成团队协作的良好氛围。

2. 批判性思维能力的培养

在协作评估中，学生需要对他人的表现进行客观评价，这要求他们具备一定的批判性思维能力。他们需要分析和评价他人的工作质量、解决问题的能力等方面，从而形成独立、理性的判断。通过这种评价过程，学生可以培养出辨析问题、分析思考的能力，提高批判性思维水平。

3. 团队合作能力的加强

协作评估要求学生在团队中相互配合、相互协作，这对于培养团队合作能力至关重要。在评价他人的同时，学生也会反思自己在团队合作中的角色和表现，从而不断调整和完善自己的行为，提高团队的整体绩效。通过这种实践，学生可以加深对团队合作的理解和认识，积累合作经验，提高团队合作的能力。

四、综合素质评价

（一）利用数字工具进行综合素质评价

1. 在线问卷调查

通过在线问卷调查（附录一），学校可以收集学生的综合素质信息，包括学习态度、社交能力、领导能力、创新能力等方面。问卷设计可以涵盖多个维度，通过量化的数据来反映学生的综合素质水平。学生可以通过匿名填写问卷的方式，自由地表达对自己和他人的评价，为学校提供客观的评价数据。

2. 实习报告

实习报告是评价学生综合素质的重要途径之一。学生在实习过程中，需要完成实习报告，记录实习经历、收获和体会。通过实习报告，学校可以了解学生在实践中的表现和成长，评价其实际操作能力、团队合作能力、问题解决能力等方面。实习报告的内容可以包括实习项目、工作任务、工作成果、个人感悟等，通过文字、图片、视频等多种形式呈现，全面展示学生的综合素质水平。

3. 项目展示

项目展示是学校评价学生综合素质的另一种重要方式。学生可以通过项目展示，展示自己在课程学习、科研实践、社会实践等方面的成果和经验。项目展示可以包括学术论文、科研成果、创新项目、社会服务项目等，通过海报、演讲、展示会等形式进行展示。学校可以邀请专家评委对项目进行评价，从学术水平、创新性、实用性等方面进行评估，为学生的综合素质提供客观、权威的评价。

（二）综合素质评价的内容和维度

1. 学科知识掌握情况

综合素质评价首先需要评价学生的学科知识掌握情况。这包括对各学科的基础知识、专业知识以及相关理论的掌握程度。学校可以通过考试、作业、论文等方式评价学生的学科知识水平，从而全面了解学生的学术能力和学科素养。

2. 能力素养

除了学科知识，综合素质评价还需要评价学生的能力素养。这包括综合运用知识解决问题的能力、批判性思维能力、创新能力、沟通能力、团队合作能力等。学校可以通过案例分析、项目实践、团队合作等方式评价学生的能力素养，了解其在实际工作和学习中的表现和发展情况。

3. 综合实践能力

综合素质评价还需要评价学生的综合实践能力。这包括学生在项目实践、社会实践、科研实践等方面的表现和成果。学校可以通过实习报告、项目展示、实践总结等方式评价学生的综合实践能力，了解其在实际工作和社会实践中的表现和贡献。

（三）综合素质评价的意义和价值

1. 为学生提供个性化发展和成长的指导

通过综合素质评价，学校可以了解每位学生的优势和不足，为其提供个性化的发展和成长指导。学校可以根据评价结果，为学生制定个性化的学习计划和培养方案，帮助其全面发展和提升综合素质水平。

2. 为学校教育教学改革提供参考和依据

综合素质评价是学校教育教学改革的重要参考和依据。通过对学生的综合素质进行评价，学校可以发现教育教学中存在的问题和不足，为教育教学改革提供重要的参考和借鉴，推动学校教育教学的不断改进和提高。

3. 为社会招聘和人才选拔提供参考和依据

综合素质评价也是社会招聘和人才选拔的重要参考和依据。企业和社会组织在招聘和选拔人才时，不仅关注学生的学术成绩，还注重其综合素质和能力表现。通过综合素质评价，学校可以为社会提供优秀人才，为社会经济发展作出贡献。

第五章

教师专业发展与数字化时代教育管理

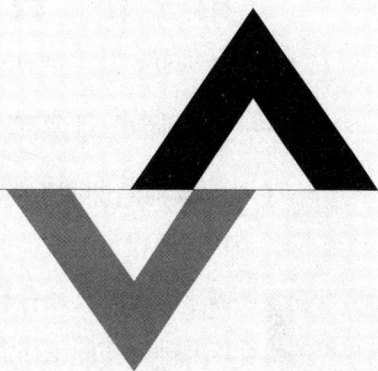

第一节　数字化时代教师培训与发展

一、教师培训课程

（一）教师培训课程的定义与概念

教师培训课程是为教师群体设计和提供的一系列学习活动，旨在满足教师的专业发展需求、提升其教育教学水平和能力，以促进其职业成长和发展。这些课程的设计以教师的实际工作需要和个人发展目标为基础，涵盖了教师职业发展的各个方面。其中，公共基础课程主要包括教育心理学、教育学原理、课程与教学论等基础理论课程，旨在帮助教师建立教育教学的理论基础，提升其教学思维和方法论水平。学科专业课程则侧重于教师在具体学科领域的专业知识和教学技能培养，涵盖了各学科的教学内容、教学方法和评价方式等方面的知识。而教育教学类课程包括教学设计、课程开发、教学评价、教学技术应用等，旨在提升教师的教学设计和教学实施能力，以促进其教学效果的提升。

教师培训课程的设计应当充分考虑教师的需求和实际问题，通过科学合理的课程设计，提供有效的学习内容和学习活动，以推动教师的专业成长和教育教学水平的提升。这种课程设计不仅要注重理论知识的传授，还要强调教师的实践能力培养和问题解决能力的培养。因此，教师培训课程的内容应当具有针对性和实践性，能够直接应用于教师的教学实践中，并且能够不断地更新和适应教育教学的发展和变化。同时，教师培训课程还应该注重培养教师的自主学习能力和团队合作能力，以促进其在专业发展过程中的持续成长和进步。

教师培训课程作为教师专业发展的重要载体，对于提升教师的教育教学水平、推动教育事业的发展具有重要意义。通过科学合理的课程设计和实施，可以有效地促进教师的专业成长和教学水平的提升，从而为教育教学的持续改进和提高质量提供有力支撑。

（二）教师培训课程的内容与特点

1. 公共基础课程

公共基础课程是教师培训中的重要组成部分，主要包括以下方面。

第一，课程着重介绍了教育过程中的心理学理论和相关研究成果，帮助教师了解学生的心理特点和行为规律，提升教师的教学效果和学生的学习动力。

第二，课程中，教师将学习到教育学的基本概念、理论框架和教育制度等内容，有助于教师建立对教育事业的全面认识和理解。

第三，课程涉及课程设计、教学方法、教学评价等方面的内容，帮助教师掌握有效的教学策略和评价标准，提升教学质量和效果。

2. 学科专业课程

学科专业课程是教师培训中的重点内容，涵盖了教师在具体学科领域的专业知识和教学技能培养，具体包括以下方面。

第一，教师需要系统学习所教学科的基础知识，包括相关理论、概念、原理等，以确保教学内容的准确性和深度。

第二，学科专业课程还包括教师在该学科领域的教学方法和策略，如案例教学、探究式学习、实验教学等，以提升教学效果和学生的学习动力。

第三，教师还可以学习如何对学生进行有效的评价和反馈，包括考试、作业、项目评价等方式，以促进学生的全面发展和进步。

3. 教育教学类课程

教育教学类课程是教师培训中的实践性课程，旨在提升教师的教学能力和教育教学水平，主要包括以下内容。

第一，课程侧重于教师如何设计教学活动和课程内容，以达到预期的教学目标和效果，培养教师的创新意识和设计能力。

第二，教师能够学习如何开发符合学生需求和教学要求的课程，包括课程目标设定、教材选择、教学资源准备等方面的内容。

第三，课程主要介绍教师如何进行有效的教学评价和反馈，包括评价工具的选择、评价标准的制定、评价结果的分析等内容。

（三）教师培训课程的建设与评价

1. 需求分析与课程设计

第一，在构建教师培训课程时，首要任务是进行教师的需求分析。这一过程的核心在于深入了解教师的培训需求以及他们的专业发展方向。需求分析可以通过多种方式来实现，其中包括问卷调查、重点访谈、专家咨询等。这些方法可以帮助收集到教师的反馈意见和建议，从而了解他们在教学实践中所面临的挑战和需要提升的方面。基于需求分析的结果，设计出科学合理的培训课程显得至关重要。在课程设计阶段，需要确保所涵盖的内容具有针对性、实用性和有效性，以满足教师们的实际需求，促进他们的专业成长和教学水平的提升。

第二，在进行需求分析时，可以采用问卷调查的方式，向广大教师群体收集意见和反馈。问卷设计应该全面覆盖教师培训的各个方面，包括但不限于教学技能、教育理论、课程设计、评估方法等。

第三，基于需求分析的结果，课程设计应该注重以下几个方面。首先，课程内容应当紧密贴合教师们在实际教学中所面临的问题和挑战，具有针对性和实用性。其次，课程结构应当合理，内容安排要有条理，确保教师们能够系统地学习和掌握相关知识和技能。再者，课程的教学方法和活动设计应当多样化，兼顾理论学习与实践操作，以提高教师们的参与度和学习效果。最后，课程评估和反馈机制也应该健全，及时收集教师们的意见和建议，不断完善课程内容和教学过程。

2. 课程实施与效果评估

课程实施阶段是教师培训过程中至关重要的一环。在这个阶段，对课程的实施效果进行全面评估和监控，是确保培训成效的关键。为了有效地评估课程的实施效果，可以采用多种手段和方法，以全面了解教师的学习情况和课程效果。

第一，学习成绩统计是一种常见的评估方法。通过记录教师在培训课程中的学习成绩和表现，可以客观地评估其学习进展和水平。这包括考试成绩、作业完成情况、课堂参与度等指标。学习成绩统计能够直观地反映教师的学习情况，为后续的教学调整和改进提供重要依据。

第二，教学观察是评估课程实施效果的有效手段之一。通过实地观察教师在培训课程中的教学行为和方法，可以全面了解其教学水平和能力。观察可以包括课堂教学过程、教学方法的运用、与学生互动的情况等。通过教学观察，可以发现教师在实际教学中存在的问题和不足之处，及时进行指导和反馈。

第三，课堂反馈也是一种重要的评估方式。在课程实施过程中，可以定期向教师征求课堂反馈意见，了解他们对课程内容和教学方法的看法和感受。这可以通过口头反馈、书面反馈或在线调查等方式进行。课堂反馈能够及时获取教师的意见和建议，帮助课程组织者更好地调整和改进培训内容和方式。

第四，问卷调查（附录二）是评估课程实施效果的常用方法之一。通过设计问卷调查，可以系统地收集教师对培训课程的评价和反馈意见。问卷调查可以涵盖培训内容的完整性、教学方法的有效性、学习体验的满意度等方面。通过分析问卷调查结果，可以全面了解教师对培训课程的认知和感受，为后续的培训改进提供参考。

3. 课程资源建设与共享

为了支持教师的专业发展和提升教学水平，建立完善的课程资源库具有重要意义。这一举措旨在收集、整理和共享丰富多样的教学资源和案例，为教师的培训提供有效的支持和保障。在数字化时代，课程资源的建设和共享变得尤为重要，因为它不仅可以促进教师之间的交流与合作，还能够推动教育培训的持续发展。

第一，课程资源的范围十分广泛，包括但不限于教学资料、教学视频、案例分析、教学设计模板等。这些资源的建设需要深入挖掘教育实践中的优秀案例和经验，以及学术界的最新研究成果。通过收集和整理这些资源，可以为教师提供丰富的教学素材和参考资料，帮助他们更好地设计和组织教学活动。

第二，建立在线平台和教学资源数据库是共享课程资源的有效途径。通过这些平台，教师可以方便地获取到各种教学资源，包括教学案例、课件模板、教学视频等。这种共享模式不仅可以节约教师的时间和精力，还可以促进资源的共享和交流，提高教学效率和质量。

第三，共享课程资源还可以促进教师之间的合作与交流。教师可以借鉴他人的成功经验和创新做法，同时也可以分享自己的教学成果和心得体会。这种合作与交流不仅可以促进教师之间的专业成长，还可以推动教育教学的创新和发展。

二、数字化时代的教师培训

（一）数字化时代教师培训的特点与需求

数字化时代的教师培训与传统培训相比，具有以下显著特点和新的需求。

1. 学习环境的开放性

在数字化时代，教师的学习环境呈现出了前所未有的开放性和自由度。这主要得益于互联网的普及和数字化技术的发展，使得教师能够轻松地获取到丰富多样的学习资源，极大地拓展了他们的学习空间和可能性。

第一，互联网为教师提供了一个开放的学习平台。教师可以通过各种在线教育平台、学术网站、教育资源库等渠道，获取到海量的教学资料、学术论文、课程视频等资源。这些资源涵盖了各个学科领域和教学内容，为教师的学习提供了丰富的素材和参考资料。

第二，数字化技术的应用使得学习环境更加自由和灵活。教师可以随时随地通过电脑、平板电脑、智能手机等设备访问互联网，进行在线学习和教育资源的查找。无论是在家中、办公室、还是在路上，教师都可以利用碎片化的时间进行学习，提升自己的专业素养和教学水平。

第三，开放式的学习环境还促进了教师之间的交流与合作。在网络空间中，教师可以与全球各地的同行进行交流、分享教学经验和资源，共同探讨教育教学的问题和挑战。这种跨越地域和时间的交流模式，有助于拓宽教师的视野，激发创新思维，促进教育教学的不断进步。

2. 学习主体的自主选择性

在数字化时代的教师培训中，学习主体的自主选择性变得更加突出和重要。教师作为学习的主体，拥有自主选择学习内容、学习方式和学习时间的权利，这为其个性化学习提供了广阔的空间和可能性。

第一，教师可以根据自身的兴趣和需求选择适合自己的培训课程。在数字化时代，教师可以通过互联网轻松获取到各种在线培训资源，涵盖了各个学科领域和专业知识。因此，教师可以根据自己的兴趣爱好和教学需求，有针对性地选择参加感兴趣的培训课程，实现个性化的学习路径。

第二，教师可以根据自己的学习目标和发展需求，选择符合自己需求的学习资源。不同的教师可能有不同的职业发展目标和学习需求，有些教师可能更关注教育技术的应用，而有些可能更注重教学方法的改进。在数字化时代，教师可以根据自己的需求选择不同类型的学习资源，例如参加在线课程、阅读学术论文、观看教学视频等，以满足自己的学习目标。

第三，数字化时代的教师培训还鼓励教师通过自主学习和自主研究提升自己的专业能力。教师可以通过网络搜索、学术论坛、专业社交平台等途径获取到丰富的学习资源和学术信息，自主选择学习内容，并通过实践和反思不断提升自己的教学水平和专业素养。

3. 内容媒介传播的多样性

在数字化时代，教师培训的内容传播形式呈现出更加多样化和丰富化的趋势，这主要得益于数字技术的广泛应用和互联网的普及。传统的文字和图片形式仍然存在，但新兴的传播形式如音视频、微课程等逐渐崭露头角，为教师提供了更加直观、生动的学习体验。

第一，音频和视频已经成为教师培训中重要的内容传播方式。这些形式能够使教师更直观地学习教学案例和方法，通过生动的视觉和听觉体验，加深对教学技巧的理解。例如，通过教学视频展示优秀的教学实践，教师可以观察和分析不同场景下的教学策略，学习如何在实际课堂中应用这些技巧。这种形式不仅丰富了学习的多样性，还提供了更直观的案例分析。

同时，音频也为教师提供了另一种灵活的学习资源。专家讲座、访谈录音等内容可以随时随地供教师收听，为他们提供宝贵的见解和教学经验。通过音频，教师能够利用碎片化时间进行学习，保持持续的专业发展。音频和视频结合的多媒体学习方式，为教师提供了更加动态、灵活的学习体验，有助于提升他们的教学能力和创新思维。

第二，微课程作为一种新兴的内容传播形式，逐渐受到教师的欢迎。微课程以其简短、精致的特点，适合于快速传递知识点和教学技巧。教师可以通过观看微课程，快速获取所需的教育知识和技能，节省时间和精力。同时，微课程还可以根据教师的实际需求进行定制，满足教师不同层次的学习需求。

第三，互动式学习平台也为教师提供了更加多样化的内容传播形式。通过互动式学习平台，教师可以参与在线讨论、参加网络研讨会、进行远程培训等形式的互动学习。这种形式不仅可以促进教师之间的交流与合作，还可以提高学习的参与度和效果。

4.学习关系的交互性

数字化时代的教师培训倡导学习关系的交互性和合作性，这在很大程度上得益于互联网和社交媒体等技术的发展。教师不再是孤立地进行学习，而是可以通过在线学习平台和社交媒体与其他教师进行互动交流，形成学习社群，实现共同成长和进步。

第一，在线学习平台为教师提供了一个交流与合作的场所。通过这些平台，教师可以参与各种形式的在线课程和培训活动，与其他教师共同学习和讨论教育相关的话题。在这个过程中，教师可以分享自己的教学经验和心得，从其他教师的经验中获得启发和借鉴，促进自己的教学水平和专业能力的提升。

第二，社交媒体成为教师交流合作的重要平台之一。教师可以通过社交媒体平台，如微信、微博等，建立专业性的社群或教育专题讨论群，与其他教师进行在线交流和互动。在这些社群中，教师可以分享教学资源、讨论教学问题、交流教学心得，共同解决教学中的难题，推动教学改革和创新。

第三，教师还可以通过在线博客、论坛等方式展示自己的教学成果和心得体会，吸引其他教师的关注和参与，形成良好的学习互动和合作氛围。通过这种形式，教师可以不断扩大自己的影响力和社交圈，与更多的教育从业者建立联系和合作关系，促进教学理念和实践的交流和共享。

（二）数字化时代教师培训的内容与形式创新

在数字化时代，教师培训课程的内容和形式需要不断创新和调整，以适应教师的学习需求和现代化教育的发展趋势。

1.多元化的学习资源

（1）文字资料的丰富性

在数字化时代的教师培训中，文字资料的丰富性是至关重要的。这包括但不限于教学理论、教育心理学、案例分析等方面的资料。文字资料应该提供清晰易懂的理论知识，涵盖教育领域的前沿发展，并结合实际案例进行解析，以便教师能够理论联系实际，更好地应用于实践中。

（2）图片资料的实用性

除了文字资料外，教师培训课程还应提供丰富实用的图片资料。这些图片可以是教学实践中的场景图、教学用具的示意图、学生作品的展示图等。通过图片资料，教师能够更直观地了解教学方法的实施、教学环境的营造以及学生学习情况的反馈，从而更好地调整自己的教学策略。

（3）音视频资料的生动性

在数字化时代，音视频资料的运用已成为教师培训中的一大亮点。这些资料可以是教学视频、学生演示视频、专家讲座录像等。通过观看和听取这些资料，教师不仅可以加深对教学内容的理解，还能够借助生动的视听效果提升学习的趣味性和吸引力。

（4）交互式学习平台

除了传统的学习资源外，还可以通过建立交互式学习平台，为教师提供更丰富的学习体验。这种平台可以包括在线课堂、虚拟实验室、教学游戏等形式，通过模拟真实的教学场景，让教师在实践中学习，提高教学技能和应变能力。

2. 灵活的学习方式

（1）在线视频课程的便捷性

随着网络技术的普及，越来越多的教师选择通过在线视频课程进行学习。这种方式具有时间和空间上的灵活性，教师可以根据自己的时间安排和学习进度选择观看视频，而无须受到地点和时间的限制。

（2）虚拟实验室的实践性

为了提高教师的实践能力，虚拟实验室成为数字化时代教师培训的重要组成部分。通过虚拟实验室，教师可以在模拟的教学环境中进行实践操作，熟悉各种教学工具和方法，提升教学水平。

（3）远程直播讲座的互动性

远程直播讲座为教师提供了与专家学者面对面交流的机会，无须受到地域限制。教师可以通过在线平台观看专家讲座，并参与实时互动，提出问题和交流意见，拓宽自己的教育视野，提升教学水平。

3. 个性化的学习路径

（1）学习模块的设置

为了满足教师不同的学习需求，教师培训课程应设置多样化的学习模块。这些模块可以根据教师的职业发展阶段、专业背景和兴趣爱好划分，如教学技能提升、课程设计与评价、教育科研等，让教师能够有针对性地选择学习内容。

（2）选修课程的设置

除了必修课程外，教师培训课程还应提供丰富的选修课程，供教师根据个人兴趣和需求选择。这些选修课程可以涵盖教育技术、跨学科教学、特殊教育等领域，帮助教师拓展知识面，提升综合素养。

（3）个性化辅导与指导

为了更好地引导教师学习，个性化的辅导与指导显得尤为重要。教师培训机构可以通过设置导师制度、定期跟踪评估等方式，为教师提供个性化的学习指导和反馈，帮助教师解决学习中的困惑和问题，促进个人成长和发展。

4.互动性的学习体验

（1）在线讨论与交流

在线讨论是数字化时代教师培训的重要形式之一，通过在网络平台上组织讨论话题，教师可以与其他同行进行知识交流和经验分享，共同解决教学中的问题，促进思想碰撞和创新。

（2）小组合作与协作

小组合作是培养教师团队合作精神和解决问题能力的有效方式。在数字化时代的教师培训中，可以通过在线平台组建小组，让教师共同完成任务、讨论问题、分享心得。这种协作方式不仅可以促进教师之间的交流和合作，还能够激发集体智慧，推动教学水平的提升。

（3）实践任务与案例分析

实践任务和案例分析是培养教师实践能力和问题解决能力的重要手段。通过设计真实的教学场景和案例，让教师进行分析和解决，加深对教学理论的理解，提高教学实践能力。教师培训课程可以通过线上线下结合的方式，让教师在实际教学中应用所学知识，实现理论与实践的有机结合。

三、数字化时代的教师培训课程的特征

随着数字技术的更新，教师的学习方式和需求也发生了很大的变化。针对实际问题，新型教师培训课程的建设不单是要满足教师专业内容的需求，也可以是教师营造友好的学习环境，通过活动或任务的合理设计与实施，促进与专家、同

行、自身之间的交互，进而提升教师的专业知识和能力，更新教师的教育教学理念，促进教师的个人素养形成和专业发展。数字化时代下，教师培训课程还需要具备以下几个特征。

（一）课程建设流程化，促使教师成为课程的全面参与者与建构者

1. 教师培训课程设计模式的改变

传统的教师培训课程设计往往是按照固定的模式和教学大纲进行规划，缺乏灵活性和针对性。然而，在数字化时代，采用敏捷课程设计方法可以有效打破这种固化模式。敏捷课程设计强调快速反馈和持续改进，将课程内容拆分为小模块，通过不断地迭代和调整，使课程内容更加贴近教师的需求和实际情况，提高课程的实效性和可操作性。

为了让教师成为课程的全面参与者和建构者，课程设计过程应该充分考虑教师的反馈和建议。可以通过组织教师座谈会、开展问卷调查、设立意见箱等方式，收集教师对课程内容、教学方法和评估方式的意见和建议，从而更好地满足教师的学习需求和兴趣，提高课程的参与度和满意度。

2. 教师培训资源的多样化开发

微课程和极简课程是数字化时代教师培训的新趋势，其特点是内容简洁、形式多样、时长短小。这种课程形式更适合教师快速获取知识和技能，可以随时随地进行学习，提高学习的便捷性和灵活性。因此，教师培训机构应该加大微课程和极简课程的开发力度，丰富课程资源，满足教师个性化的学习需求。

除了传统的课件和教材外，还可以开发更多形式的教学资源，如微视频、虚拟实验室、模拟教学软件等。这些新型资源形态具有直观、生动、互动等特点，能够更好地激发教师的学习兴趣和动力，提高教学效果和效率。

3. 教师培训课程的个性化实施与管理

为了实现教师培训课程的个性化学习，可以根据教师的不同需求和学习目标，设置多样化的学习路径。例如，根据教师的职业发展阶段、专业背景和兴趣爱好，设计不同的学习模块和选修课程，让教师根据自己的需求选择学习内容和学习方式，实现个性化的学习路径规划和管理。

教师培训课程的学习进度应该更加灵活，允许教师根据自己的时间和工作安排，自主选择学习进度和学习时长。可以采用自主学习和自助式学习的方式，让

教师可以随时随地进行学习，提高学习的便捷性和效率。

在教师培训课程的学习评价方面，应该采用多样化的评价方式，如作业报告、在线测试、教学实践等。这些评价方式能够更全面地反映教师的学习情况和学习成果，激发教师的学习积极性和主动性，促进个人成长和发展。

（二）课程设计问题化，提升教师关键能力的养成

1. 教师培训课程的问题域确定

在数字化时代，教师面临着日益复杂的教学环境和挑战。因此，教师培训课程的问题域需要紧密围绕着这些现实问题展开，以提升教师在数字化教学、班级管理、师德素养等方面的关键能力。确定问题域的目的在于精准把握教师的需求，有效地提供解决方案，促进教师专业发展。

问题域应该涵盖数字化教学、班级管理、师德素养和专业发展等方面。在数字化教学方面，教师可能面临如何有效利用教育技术、设计在线课程、评估数字化教学成效等问题；在班级管理方面，可能涉及如何处理学生行为问题、构建良好的班级氛围等问题；而在师德素养和专业发展方面，则需要关注教师的道德情操、职业操守以及终身学习能力等方面的问题。

2. 问题化学习活动设计

实例化学习活动是将抽象的理论知识与具体的实践案例相结合，通过分析真实情境来培养教师解决问题的能力。例如，可以选取真实的教学案例或教学场景，让教师通过分析、讨论和解决问题的方式，深入理解教学原理和方法。

问题化学习活动是以问题为导向，让教师在探索、研究和解决问题的过程中，积累知识、提升能力。例如，设计开放性的问题情境，让教师自主思考、探索解决方案，并通过合作讨论、实践操作等方式，共同寻找问题的解决途径。

体验式学习活动是通过模拟或体验真实情境，让教师身临其境地感受教学实践的挑战与乐趣，从而提升实践能力和应对能力。例如，可以设计模拟教学场景，让教师扮演教师角色，体验教学过程中的挑战和困难，从而更好地准备应对实际教学中的各种情况。

3. 兼顾生成性问题与能力发展

在教师培训课程中，应该充分重视教师生成性问题的引导和促进。通过鼓励教师在学习过程中提出问题、探索解决方案，并与同行进行交流和讨论，激发教

师的思维活跃性和创新能力，从而促进能力的发展。

为了实现教师关键能力的养成，需要建立有效的评价与反馈机制。评价应该不仅关注教师解决问题的过程，更应关注其解决问题的效果和能力的发展。同时，及时给予教师针对性地反馈和指导，帮助他们发现问题、改进行动，实现能力的全面提升。

（三）课程培训方式多元化，注重教师学习关系的交互性和体验感

1. 新形态课程的出现

（1）线上社群学习平台

线上社群学习平台是一种基于互联网的教师培训形式，通过建立在线社群，让教师在其中进行学习、交流和分享。这些社群平台通常以特定主题或领域为核心，提供丰富多样的学习资源和交流机会。教师可以在这些平台上参与讨论、观看视频、阅读文章等，与其他教师共同学习和成长。

（2）游戏化学习平台

游戏化学习平台利用游戏设计的元素和机制，将教育内容转化为具有挑战性和趣味性的游戏形式。通过参与游戏化学习，教师可以在愉快的氛围中获取知识和技能，提高学习的积极性和效果。这种形式的课程设计能够吸引更多教师的参与，并促进他们的交互和合作。

2. 多种资源形态并存

（1）移动学习应用

随着移动设备的普及和网络技术的发展，移动学习应用成为一种重要的教师培训形式。教师可以通过手机、平板电脑等移动设备随时随地进行学习，获得实时的学习资源和指导。这种形式的课程设计具有灵活性和便捷性，能够满足教师的个性化学习需求。

（2）虚拟现实和增强现实技术

虚拟现实（VR）和增强现实（AR）技术为教师培训带来了全新的学习体验。通过虚拟现实设备，教师可以沉浸式地体验教学情境，观察学生反应并实时调整教学策略。增强现实技术则可以将虚拟对象叠加在现实世界中，帮助教师更直观地理解教学内容和方法。这种形式的课程设计不仅提升了教学效果，还增强了教师的学习体验和参与度。

3.融合虚拟现实和人工智能技术

（1）个性化学习助手

借助人工智能技术，可以为教师提供个性化的学习助手，根据教师的学习需求和兴趣推荐相关的学习资源和课程。这种个性化学习助手可以根据教师的学习行为和偏好进行智能调整，提高学习的针对性和效率，增强教师的学习体验。

（2）智能化教学辅助工具

虚拟现实和人工智能技术的结合还可以开发智能化教学辅助工具，帮助教师更好地进行教学设计和实施。例如，可以开发虚拟教学场景模拟系统，让教师在虚拟环境中体验不同的教学情境，并根据反馈进行调整和优化。这种形式的课程设计能够提升教师的教学能力和创新能力，增强其学习体验和成就感。

（四）技术赋能教师培训课程，支持智慧型教师的生成

1.数据化的教师培训课程设计

（1）利用数据采集类工具

在数字化时代，教师培训课程的设计可以借助各种数据采集类工具来收集教师的学习行为数据。这些工具可以跟踪教师在课程学习过程中的学习进度、点击行为、学习偏好等信息，为课程设计和个性化学习提供数据支持。通过分析这些数据，教师培训机构可以了解教师的学习需求和兴趣，为其提供更加精准的学习资源和指导。

（2）应用机器学习和智能算法

借助机器学习和智能算法，可以对教师的学习行为数据进行分析和挖掘，从而为教师提供个性化的学习支持和建议。例如，可以根据教师的学习历史和行为模式，预测其未来的学习需求，并推荐相应的学习资源和课程。同时，智能算法还可以根据教师的学习情况和反馈，对课程内容和学习进度进行动态调整和优化，提高教师的学习效果和满意度。

2.教师培训课程的智能化实施

（1）伴随式数据采集工具的应用

通过伴随式数据采集工具，可以实现对教师学习过程的实时监控和反馈。例如，可以利用教室内的摄像头和传感器来记录教师的课堂教学活动，并分析教师的教学行为和学生的反应。通过实时监控和反馈，教师可以及时调整教学策略，

提高教学效果和教学质量。

（2）智能算法的指导和支持

借助智能算法，可以对教师的学习过程进行智能化指导和支持。例如，可以利用情感识别技术分析教师的情绪状态，及时提供情绪管理的建议和指导；同时，可以利用学习行为数据和学习模型，为教师提供个性化的学习路径和学习计划，帮助其更好地掌握课程内容和提升专业能力。

3. 教师专业发展的智能化评价和支持

（1）建构教师的专业发展画像

通过智能化的评价和支持系统，可以建构教师的专业发展画像，全面了解教师的教学能力、专业素养和发展需求。这种画像可以基于教师的学习行为数据、教学表现和反馈意见等多维度信息，为教师提供个性化的发展建议和支持方案。

（2）个性化的解决方案和支持

根据教师的专业发展画像，智能化评价和支持系统可以为教师提供个性化的解决方案和支持。例如，针对教师在教学设计、课堂管理、学生评价等方面存在的问题，系统可以提供专门的培训课程和指导材料，帮助教师改进教学实践，提高教学质量和效果。

第二节　数字化时代教师专业能力提升

一、多元化策略与方法

（一）持续学习与更新知识

1. 参加专业培训课程

参加专业培训课程是教师持续学习和专业发展的重要途径。通过这些课程，教师可以及时了解并掌握前沿的教育理念和实践经验，这对于提升教学质量和适应不断变化的教育环境至关重要。例如，在教育技术方面，教师可以学习如何有效地利用各种数字工具和在线资源进行教学，设计和开展在线课程，以及运用虚拟现实、人工智能等技术来增强教学效果。这种技术的融入不仅能使课堂更加生动有趣，还能帮助学生以更直观的方式理解复杂概念。

专业培训课程通常涵盖最新的教学方法和策略，如个性化教学、合作学习和项目化学习等。这些教学理念强调学生的主动参与和互动，使教师能够有效地设计和实施以学生为中心的教学方案，进一步丰富自己的教学工具箱。

更为重要的是，参加专业培训课程还为教师提供了一个拓展专业人脉和交流渠道的机会。在培训过程中，教师可以与来自不同学校、地区甚至国家的教育工作者进行交流，分享教学实践与经验。这种跨地域的交流不仅有助于教师开拓视野，学习到不同文化背景下的教育理念，也促进了教育实践的创新与发展，为教师的职业生涯增添了丰富的色彩。

2. 参与在线学习

随着网络技术的飞速发展，优质的在线学习平台和课程逐渐成为教师专业发展的重要资源。在线学习为教师提供了灵活便捷的学习途径，使他们能够随时随地获取最新的教育理论、教学方法和教育技术知识，从而不断提升自己的专业能力和教学水平。

在线学习平台的出现极大地便利了教师的学习方式。教师可以根据自己的兴趣和需要，在在线学习平台上选择与自己专业领域相关的课程，并根据自己的时间和节奏进行学习。这种灵活性使得教师无论身处何地，都能有效地利用碎片化时间进行学习，相比于传统的实体课程，在线学习更能适应教师繁忙的工作和生活安排，提高学习的便捷性和效率。

第一，在线学习平台上的课程内容丰富多样，涵盖教育领域的各个方面。教师可以选择与自己教学科目、教学内容密切相关的课程，学习到最新的教育理论、教学方法及教育技术的应用。这些课程通常由经验丰富的教育专家和学者授课，保证了内容的权威性和可靠性，为教师提供高质量的学习资源和指导。通过学习这些课程，教师能够将新知识迅速应用到教学实践中，提升自身的专业素养和教学能力。

第二，在线学习平台还提供了多种学习工具和交流平台，促进教师之间的交流与互动。例如，教师可以通过在线讨论区、社群平台等方式与其他教师进行交流，分享教学经验和心得，共同探讨教育教学中的问题与挑战。这种互动不仅有助于教师的思维拓展，还能营造良好的学习氛围，促进教师之间的共同成长与发展。

（二）参与各种形式的专业培训和教育活动

1. 参加教育技术研讨会

参加教育技术研讨会是教师专业发展的重要途径之一。这些研讨会通常吸引了来自教育技术领域的专家、学者和从业者，为教师提供了一个了解最新技术发展和应用案例的平台。通过参加这些研讨会，教师可以深入了解与教学密切相关的前沿技术知识和实践经验，从而提升自己的教学水平和专业能力。

第一，教育技术研讨会通常聚集了各个领域的专家和从业者，涵盖了教育技术领域的多个方面，包括教学设计、在线教育、教育数据分析、人工智能教育等。这些专家和从业者会分享他们在教育技术领域的研究成果、实践经验和创新应用，为教师提供了丰富的学习资源和启发。教师可以通过参加研讨会，了解到最新的教育技术趋势和应用案例，掌握最新的教学工具和方法，从而提高自己的教学效果和教育教学能力。

第二，教育技术研讨会还为教师提供了与其他同行进行交流和互动的机会。在研讨会上，教师可以与来自不同学校、不同地区的教师进行交流，分享彼此的教学经验和教育技术应用实践。这种交流和互动不仅可以促进教师之间的共同成长和学习，还能够拓宽教师的教育视野，激发教学创新和实践探索的动力。

2. 参与学术会议

参与学术会议对于教师的专业发展具有重要意义。学术会议是教育领域专家、学者和从业者之间交流与合作的重要平台，也是了解最新教育研究成果和理论进展的重要渠道。通过参与学术会议，教师可以拓宽自己的学术视野，深入了解前沿的教育理论和实践，从而提升自己的教学水平和研究能力。

第一，学术会议通常邀请了国内外知名专家学者进行报告和演讲，分享他们的研究成果和学术见解。教师可以通过听取这些专家学者的报告，了解最新的教育研究成果、理论进展和方法探索，从而为自己的教学实践和科研工作提供新的思路和启示。

第二，学术会议还为教师提供了一个与同行进行学术交流和合作的平台。在会议期间，教师可以参与学术讨论和交流，与来自不同学校、不同地区的教师分享自己的教学实践和研究成果，共同探讨教育领域的热点问题和挑战。这种交流与合作不仅可以促进教师之间的共同成长和学习，还能够推动教育领域的发展和进步。

第三，参与学术会议还可以为教师建立良好的学术关系和合作网络。在会议期间，教师有机会结识来自不同地区、不同学科领域的专家学者和同行，建立起跨学科、跨地区的合作关系，共同开展教育研究和教学改革项目，促进学术交流与合作的深入发展。

3. 参加教育展览会

参加教育展览会对于教师的专业发展和教学实践具有重要意义。教育展览会通常是汇集了教育科技企业和教育产品供应商的盛会，展示着最新的教育技术产品、教学资源以及教育解决方案。教师通过参加教育展览会，可以获取到市场上最新的教育技术产品和教学资源，为自己的教学实践提供参考和借鉴，促进教学效果的提升。

第一，教育展览会为教师提供了一个了解最新教育技术产品和解决方案的平台。在展览会上，教育科技企业和教育产品供应商会展示他们最新开发的教育软件、教学平台、教学设备等产品，以及应用案例和解决方案。教师可以通过参观展览，了解到市场上最前沿的教育技术产品和教学资源，探索新的教学工具和方法，为自己的教学实践提供新的思路和启示。

第二，教育展览会也是教师与教育科技企业和供应商进行交流与合作的重要平台。在展览会期间，教师可以与各类教育科技企业和供应商进行面对面的交流和沟通，了解他们的产品特点、应用场景和服务承诺，探讨教育技术的应用和推广策略。通过与企业和供应商的交流合作，教师可以获取到更多的教育资源和支持，促进教学改革和创新。

第三，教育展览会还为教师提供了一个与同行进行交流和分享的机会。在展览会上，教师可以结识来自不同地区、不同学科领域的同行，分享彼此的教学经验和教育技术应用实践，探讨教学问题和挑战，共同探索教育改革和发展的路径。

4. 参与在线学习

参与在线学习已成为教师专业发展中不可或缺的一部分。随着网络技术的不断发展和普及，各种优质的在线学习平台涌现出来，为教师提供了广泛而丰富的学习资源，使其能够随时随地进行学习和知识更新。这种形式的学习具有诸多优势，为教师提供了更加灵活和个性化的学习机会。

第一，在线学习平台为教师提供了丰富多样的学习资源。教师可以通过这些平台选择与自己专业领域相关的课程或课程模块，涵盖了教育理论、教学技能、课程设计、教育技术等各个方面。这些课程形式多样，包括视频课程、网络研讨会、在线论坛、电子书籍等，内容涵盖了从基础知识到前沿研究的广泛范围，为教师提供了丰富的学习选择。

第二，在线学习具有灵活性和便捷性。教师无须受时间和空间的限制，可以根据自己的时间安排和学习需求，在任何地方、任何时间进行学习。这种灵活性使得教师能够更好地融入学习过程，避免了传统课堂学习所带来的时间和地点限制，提高了学习的效率和舒适度。

第三，在线学习也鼓励了教师之间的交流与合作。许多在线学习平台提供了在线论坛、社区互动等功能，教师可以在这些平台上与其他教师进行交流讨论，分享学习心得和教学经验，共同解决教学中的问题和挑战。这种交流与合作不仅促进了教师之间的相互学习和成长，也有助于建立教师专业发展的社群网络，提升了教师专业素养和教学水平。

第四，通过在线学习，教师还能够不断跟进教育领域的最新发展和趋势。随着科技的不断进步和教育理念的不断更新，教育领域的知识也在不断更新和演进。在线学习平台通常会定期更新课程内容，将最新的教育理论、教学方法和教育技术引入到课程中，帮助教师保持与时俱进，不断提升自己的专业水平和竞争力。

（三）实践探索与教学实践

1.尝试新的教学方法和工具

教师积极尝试新的教学方法和教育技术工具是教育领域中的一种重要趋势。随着科技的不断进步和教育理念的不断更新，教师们逐渐意识到传统的教学方法可能无法完全满足现代学生的学习需求和学习习惯。因此，教师们开始积极尝试和应用各种新的教学方法和教育技术工具，以丰富课堂教学内容，激发学生的学习兴趣和参与度。

第一，利用虚拟实验室是一种常见的新教学方法。传统的实验教学通常受到时间、场地和设备等方面的限制，而虚拟实验室则通过计算机模拟等技术手段，使学生能够在虚拟环境中进行实验操作和观察，获得实验数据和结果。这种虚拟实验室不仅可以节省教学资源和成本，还能够提供更加安全和便捷的实验学习体验，帮助学生深入理解实验原理和科学知识。

第二，利用在线互动课堂也是一种新的教学方法。传统的课堂教学通常以教师为中心，学生主要是被动接受知识，而在线互动课堂则通过网络平台实现了教师和学生之间的即时互动和交流。在在线互动课堂中，教师可以设置各种互动形式，如在线讨论、小组合作、在线投票等，使学生更加积极地参与学习过程中，增强了课堂的活跃度和趣味性。

第三，教学游戏也是一种受欢迎的新教育技术工具。游戏化教学通过将教学内容融入游戏场景中，使学习过程变得更加有趣和生动。教学游戏可以激发学生的竞争欲望和探索欲望，增强他们的学习动力和学习效果。同时，教师可以根据学生的游戏表现和反馈，及时调整教学策略，个性化地指导学生的学习。

2. 参与教育改革和课程设计

教师的参与是推动教育改革和课程设计的关键因素之一。在当今快速变化的教育环境中，教师们被要求积极参与教育改革，不断探索和尝试新的教育模式和课程设置，以适应不断变化的教育需求和社会发展的要求。

一方面，教师可以积极参与学校的教学改革项目。这些项目可能涉及教学方法的创新、课程内容的更新、评估方式的改进等方面。通过参与这些项目，教师可以与同事们共同研究和探讨教学改革方案，分享教学经验和教学资源，共同制定并实施更加符合学生需求和教育目标的教学策略和方案。教师们在教学改革项目中的积极参与不仅有助于提高教学质量和效果，还能够促进学校的教育教学工作的创新和发展。

另一方面，教师可以参与课程设计小组，共同设计和开发新的课程。随着社会的发展和教育理念的更新，课程设计也需要不断地进行更新和改进。教师们可以结合自己的教学经验和专业知识，参与课程设计的各个环节中，包括课程目标的确定、教学内容的选择、教学方法的设计等。通过与同事们的合作和交流，教师们可以共同制定出更加符合学生需求和教育发展趋势的课程，为学生提供更加优质和有效的教育资源。

3.反思和总结教学实践

教师的教学实践反思和总结是教育教学工作中至关重要的环节之一。通过定期进行反思和总结，教师可以及时发现教学中存在的问题和不足之处，从而采取有效地改进措施，提高教学实践水平，促进学生的学习和发展。

教师可以通过多种方式进行教学实践的反思和总结。第一，课堂观察是一个重要的途径。教师可以对自己的课堂教学进行观察和记录，包括学生的反应、教学过程中的问题和挑战等。通过课堂观察，教师可以更加客观地评估自己的教学效果，发现存在的问题，并及时调整教学策略和方法。

第二，学生反馈也是教师进行教学实践反思和总结的重要依据。教师可以通过问卷调查、小组讨论、个别谈话等方式收集学生的反馈意见和建议，了解他们对教学内容、教学方法和教学环境的看法和感受。通过倾听学生的声音，教师可以更加全面地了解自己的教学情况，找到改进的方向和重点。

第三，教学评价也是教师进行教学实践反思和总结的重要手段之一。教师可以通过定期进行教学评价，包括自我评价、同行评价和学生评价等，了解自己的教学效果和教学质量。通过教学评价，教师可以发现教学中存在的问题和不足，及时调整和改进教学方法，提高教学效果和质量。

二、数字化时代教师专业能力提升的重要性

（一）适应教育发展的需要

1.社会快速发展与教育变革

随着科技的迅猛发展和全球化进程的加速，教育领域也在不断变革。数字化技术的崛起改变了传统教育的格局，教育从传统的面对面教学逐渐向数字化、个性化、智能化的方向发展。教育信息化、在线教育、远程教学等成为教育新趋势，这要求教师具备适应数字化时代的专业能力，能够灵活运用技术手段和教学方法，满足学生个性化、多样化的学习需求。

2.提升教育服务质量

在数字化时代，教育不再局限于传统的课堂教学，而是融合了多种形式的学习方式和资源。教师通过数字化技术可以提供更加丰富、便捷、高效的教育服务，满足学生在时间、空间上的需求。例如，通过网络教学平台，教师可以开设

在线课程、提供学习资源、进行网络辅导，从而提升教育服务的质量和覆盖面。

3. 应对个性化学习需求

数字化时代的学习环境更加注重个性化学习，每个学生都有自己的学习习惯、兴趣爱好和学习能力。教师需要具备能够针对不同学生的个性化需求进行教学设计和指导的能力。通过数字化技术，教师可以收集和分析学生的学习数据，了解他们的学习特点和需求，有针对性地提供个性化的教学方案和支持，促进学生的学习成长和发展。

4. 推动教育普惠化

数字化技术的应用为教育普惠化提供了新的机遇和可能。通过网络教育、远程教学等方式，教师可以跨越地域和资源的限制，向更多的学生提供优质的教育资源和服务，促进教育资源的均衡分配和共享。教师需要具备数字化教学技能，积极探索面向不同群体的教育模式和方法，推动教育普惠化的进程。

（二）提高教学质量和效果

1. 个性化教学设计

数字化时代教学的关键在于个性化，教师需要根据学生的不同特点和需求，设计和实施个性化教学方案。通过数字化技术，教师可以更好地了解学生的学习情况和需求，有针对性地调整教学内容和方法，提高教学的针对性和有效性。

2. 提供多样化学习资源

数字化技术为教师提供了丰富多样的教学资源，包括教学视频、网络课件、在线题库等。教师可以根据教学目标和学生需求，选择和利用适合的教学资源，丰富教学内容，提升教学效果。

3. 增强互动与反馈

数字化时代的教学注重学生的参与和反馈。教师可以通过在线讨论、网络测验、实时反馈等方式，促进教师与学生之间的互动和交流，及时了解学生的学习情况和困难，调整教学策略，提高教学的针对性和灵活性。

4. 探索创新教学方法

数字化技术为教学提供了更多的可能性和创新空间。教师可以尝试运用虚拟实验、游戏化教学、全息投影等创新教学方法，激发学生的学习兴趣和动力，提高教学的吸引力和趣味性。

（三）增强教师的竞争力

1. 拓展职业发展路径

数字化时代的教育发展呈现出多元化和多样化的趋势，教师需要具备丰富的教育经验和专业技能，才能适应不同岗位和职业发展需求。通过持续学习和专业培训，教师可以不断拓展自己的职业发展路径，积累更多的经验和能力，实现个人职业发展的目标。

2. 应对教育变革挑战

数字化时代教育领域的快速发展带来了一系列的变革和挑战，如教育智能化、个性化学习、在线教育等。教师需要具备适应这些变革和挑战的能力，不断更新自己的知识和技能，才能在激烈的竞争中立于不败之地，实现个人职业发展的成功。

3. 增进教育交流与合作

专业能力的提升不仅可以增强教师的竞争力，还可以促进教育领域的交流与合作。具备较高专业能力的教师更容易获得同行的认可与尊重，更有可能获得教育机构和教育项目的合作机会，从而推动教育事业的共同发展。

（四）推动教育改革和创新

1. 引领教育创新发展

教育的创新与发展需要有一支具备高水平专业能力的教师队伍作为支撑。教师通过不断提升专业能力，可以积极参与教育改革和创新，推动教育理念、教学方法和教育技术的创新，为教育事业的发展注入新的活力与动力。

2. 适应新形势下的教学需求

数字化时代教育形式的变革带来了新的教学需求和挑战，教师需要具备新的教学理念和教学技能，才能更好地应对这些挑战。通过持续学习和专业培训，教师可以不断提升自己的教学能力，适应新形势下的教学需求，更好地发挥自己的作用。

3. 促进教育公平与发展

专业能力的提升不仅有助于教师个人的成长，还可以促进教育公平与发展。具备高水平专业能力的教师能够为学生提供更加优质的教育资源和服务，提高教育质量和教学效果，从而促进教育公平，推动教育事业的全面发展。

第六章

数字化时代的教育
管理创新策略

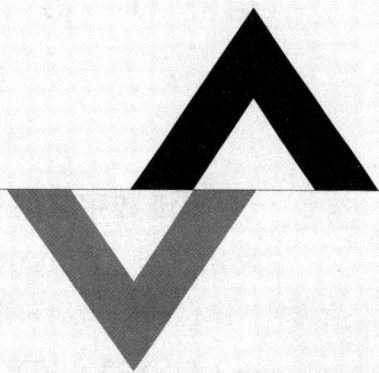

第一节　数字化时代推进教育管理创新的策略和方法

一、促进数字化时代教育管理创新的政策与措施

在数字化时代，教育管理创新的政策与措施至关重要，以应对快速变化的教育需求和技术发展。政府和教育部门可以采取以下措施。

（一）制定数字化教育发展战略

在数字化时代，政府和教育部门需要制定全面的数字化教育发展战略，以指导和推动教育管理创新的发展方向。

1. 明确发展目标

在数字化时代，设定清晰的数字化教育发展目标至关重要，这些目标应该涵盖提升教育质量、增强教育普惠性和促进教育公平等多个方面。

第一，提升教育质量是数字化教育发展的核心目标之一。随着技术的不断进步和创新，教育质量的提升已经成为数字化时代教育改革的重要动力。数字化教育可以通过个性化教学、多媒体教学、在线互动等方式，为学生提供更加灵活、多样化的学习体验，提高教学效果和学习成果。

第二，增强教育普惠性也是数字化教育发展的重要目标之一。数字化技术的广泛应用可以打破地域限制和时间限制，为更多的学生提供优质教育资源和服务，实现教育资源的均衡配置，促进教育的普惠化发展。

第三，促进教育公平也是数字化教育发展的重要目标之一。数字化教育可以为教育资源不足地区和弱势群体提供更多的支持和帮助，缩小城乡和校际的教育差距，促进教育公平的实现。因此，设定这些清晰的数字化教育发展目标不仅有助于引导数字化教育的发展方向，还有助于激发各方面的积极性和创造力，推动数字化时代教育的全面发展。

2.确定重点领域

确定数字化教育发展的重点领域是推动教育信息化建设、促进教育大数据应用以及推动教育科技创新。

第一，教育信息化建设是推动数字化教育发展的基础和关键领域之一。在信息化建设中，建立完善的网络基础设施至关重要，包括网络硬件设备的部署、网络安全保障的强化，以及高效的教学平台支持等。这些基础设施为数字化教育的开展提供了坚实的技术支撑，使得远程学习、在线互动和资源共享等得以顺利实现。此外，推动教育信息化还需要加快教育资源的开发和共享，构建丰富的数字化教学资源库。通过整合和开发多种形式的教学资源，如电子教材、在线课程、虚拟实验室等，能够极大丰富学习内容，提升教育质量。这种数字化资源库不仅为学习者提供了更广泛的学习选择，也为教师提供了更多样化的教学工具和素材，进一步支持了个性化学习和创新教学实践的应用。

第二，教育大数据应用是数字化教育发展的重要方向之一。通过收集、分析和应用教育数据，可以更好地了解学生的学习行为和学习情况，为个性化教学和精准教育提供数据支持。教育大数据还可以用于教育评估和政策决策，帮助教育管理者更好地制定教育发展策略和政策。

第三，推动教育科技创新是数字化教育发展的关键任务之一。在科技创新方面，需要加强教育科技研发和应用，推动教育技术的创新和应用，培育数字化教育产业发展壮大。同时，还需要加强教育科技人才培养，培养具备数字化时代教育需求的高素质人才，推动数字化教育事业的持续发展。

3.提供政策支持

为数字化教育发展提供政策支持是推动教育体系向数字化转型的重要举措。政府和相关部门应当制定相关政策和法规，以支持数字化教育的发展。

第一，政府可以提供资金支持，用于教育信息化基础设施建设、教育科技创新和人才培养等方面。这些资金可以用于购买教育技术设备、建设网络基础设施、开展科研项目以及培训教育技术人才，从而推动数字化教育事业的发展。

第二，政府可以通过政策激励措施，鼓励各方积极推动数字化教育创新实践。例如，设立专项奖励基金，表彰在数字化教育领域取得突出成就的个人或团队，激发他们的创新热情和活力。通过这种激励机制，鼓励更多人投身于数字化教育的探索，推动教学方法和技术的不断进步，从而提升整体教育质量。

第三，政府还可以提供税收优惠政策和科技创新补贴，吸引企业和科研机构参与数字化教育领域的创新和研发。

第四，政府还应当制定政策保障措施，保障数字化教育的安全和稳定。这包括加强网络安全保护，防止网络攻击和数据泄露，保障学生和教师的信息安全；加强教育数据管理和隐私保护，保护教育数据的安全和隐私；制定相关法律法规，明确数字化教育的管理责任和义务，规范数字化教育的发展和应用。

（二）建立数字化教育管理体系

建立健全的数字化教育管理体系对于推动教育管理创新至关重要，具体措施包括：

1.信息技术基础设施建设

第一，数字化教育管理的核心在于信息技术的支持，因此政府和相关部门应该加大对教育信息化基础设施建设的投入。这包括但不限于校园网络建设、教育设备更新等方面。通过政府的资金投入或政策激励，学校可以更新老化的网络设备，提升网络带宽，加强网络覆盖范围，以支持数字化教育管理的需求。

第二，随着数字化教育管理的深入发展，学校的信息化基础设施面临着越来越多的网络安全威胁。因此，建立数字化教育管理体系的关键之一是加强网络安全防护水平。这包括加密数据传输、建立防火墙、安装杀毒软件等技术手段，同时也需要加强对教育工作者的网络安全培训，增强他们的网络安全意识和防范能力。

2.数据管理与分析平台建设

第一，为了更好地支持数字化教育管理，需要建立完善的数据管理与分析平台，整合教育各个环节的数据资源。这些数据资源包括学生档案信息、课程信息、教学资源、学生成绩等多方面的数据，通过统一管理和整合，为教育管理决策提供可靠的数据支持。

第二，建立数字化教育管理体系还需要实现数据的实时监测和分析。通过建立数据管理与分析平台，可以实现对教育管理各个环节的实时监测和数据分析，及时发现问题并做出调整。例如，可以通过数据分析发现学生的学习情况，及时进行个性化教学；可以通过数据监测发现教学资源的使用情况，优化教学资源配置等。

（三）推动教育信息化应用

积极推动教育信息化应用是促进数字化时代教育管理创新的重要措施，具体包括：

1. 鼓励学校采用教育信息化技术

第一，政府可以制定相关政策，明确支持和鼓励学校采用教育信息化技术的重要性，以及实施教育信息化的战略目标。政府还可以提供资金支持，通过拨款、补助等方式为学校购置教育信息化设备和软件提供资金保障，降低学校引入教育信息化技术的成本压力。

第二，政府还可以建立相关的奖励机制，对那些在教育信息化方面取得突出成就的学校给予表彰和奖励，以激励更多的学校积极推进教育信息化。

第三，政府可以加强对学校的指导和培训，帮助学校更好地利用教育信息化技术，提高教育管理效率和服务质量。通过这些政策引导和资金支持措施，可以有效促进学校积极采用教育信息化技术，推动教育管理的数字化转型，为教育事业的发展注入新的活力和动力。

2. 推广数字化教学资源

加强数字化教学资源的建设和共享是推动教育管理创新的重要举措。在数字化时代，教学资源的数字化转型不仅可以丰富教学内容，还能促进教学方式的创新和教育资源的优化配置。政府和教育部门可以采取一系列措施来推广优质的数字化教学资源。

第一，政府可以增加对数字化教学资源建设的投入，鼓励学校加强数字化教学资源的开发和创新。这包括开发数字化教材、制作教学视频、设计教学游戏等多种形式的教学资源，以满足不同学科和年龄段学生的学习需求。

第二，政府可以建立数字化教学资源的共享平台，将各类优质教学资源进行整合和共享，为教师和学生提供更丰富、更多样化的学习资源。这样一来，不仅可以节约教育资源的开发成本，还能促进教学资源的高效利用和共享交流。

第三，政府还可以制定相关政策，鼓励教育科研单位加强数字化教学资源的开发和应用，推动教育资源的数字化转型。例如，可以设立奖励机制，对那些在数字化教学资源建设方面取得显著成效的单位给予表彰和奖励，以激励更多的机构积极参与到数字化教学资源的开发和推广中来。通过加强数字化教学资源的建设和共享，可以促进教学方式的创新，提高教育资源的利用效率，推动教育管理的数字化转型，为教育事业的可持续发展提供有力支持。

（四）支持教育管理创新项目

政府应设立专项资金，支持教育管理创新项目的开展，具体措施包括：

1. 设立资金支持政策

为推动教育管理创新，政府可以制定并实施资金支持政策，以鼓励和促进教育管理领域的创新项目研发、实施和推广。设立专项资金是其中一项关键举措。这些专项资金可以用于支持各类教育管理创新项目，涵盖了从技术研发到实际应用的各个环节。首先，政府可以通过设立资金支持计划，向符合条件的教育管理创新项目提供资金支持。这些资金可以用于项目的研究与开发、试点实施、推广应用等方面，以推动项目的全面落地和推广。其次，政府可以鼓励社会力量参与教育管理创新，并为其提供相应的资金支持。这可以通过设立创新奖励基金或者创新合作基金等方式实现，激励企业、科研机构、社会组织等各方参与到教育管理创新中来，共同推动教育管理领域的发展和进步。最后，政府还可以通过设立创新基金或者风险投资基金等方式，支持教育管理创新初创企业或项目，帮助其实现初期的发展和壮大。这些资金支持政策不仅可以为教育管理创新提供资金保障，还可以促进教育管理领域的技术创新和经验积累，推动教育管理的数字化转型和现代化发展。通过设立资金支持政策，政府可以为教育管理创新营造良好的政策环境和发展氛围，为教育事业的长远发展提供坚实支撑。

2. 组织创新项目竞赛

为促进教育管理创新，举办教育管理创新项目竞赛是一项有效的举措。通过这种竞赛活动，可以吸引更多的企业以及个人参与到创新项目的研发和实践中来，从而推动教育管理创新的蓬勃发展。教育管理创新项目竞赛可以设立多个奖项，涵盖不同领域和层次的创新项目，例如教育信息化、教学模式创新、教育大数据应用等。这样的设计可以吸引更广泛的参与者，促进不同方面的教育管理创新。此外，竞赛可以设立专业评审团队，由行业内专家和学者组成，对参赛项目进行评审和指导，确保评选出的优秀项目具有实际可行性和创新性。同时，竞赛活动还可以设立奖金或者科研经费作为奖励，激发参赛者的积极性和创新热情，推动他们深入开展教育管理创新项目的研发和实践。

通过这样的竞赛机制，可以促进教育管理创新的集聚和传播，形成良好的创新氛围和生态系统，推动教育管理的不断改进和提升。同时，竞赛活动还可以促进教育管理领域的交流与合作，为不同单位之间的合作提供契机，推动教育管理创新的跨界融合和合作发展。综上所述，举办教育管理创新项目竞赛是一种有效地推动教育管理创新的方式，有助于促进教育管理领域的发展和进步，推动教育事业的现代化和数字化转型。

二、教育管理创新策略实施中的挑战与应对措施

在推进教育管理创新策略实施过程中，可能面临一些挑战，需要采取相应的应对措施。

（一）技术能力不足及应对措施

教育从业者可能面临着对数字化工具和平台技术的能力不足的挑战。面对这一挑战，应采取以下应对措施：

1. 加强教育工作者的技术培训

加强技术培训对于提升教育工作者的数字化能力至关重要。首先，应建立针对不同技术水平和需求的多层次培训课程体系，涵盖从基础知识到高级技能的广泛内容。这些课程应包括数字化工具和平台的使用、维护及故障排除等方面，确保满足不同岗位的需求，为教育工作者提供个性化的学习路径。其次，整合各种优质的教育资源，搭建系统化的培训平台。通过提供在线课程、教材、视频教程等丰富的学习材料，为教育工作者提供全方位的技术培训服务。这种平台化的学习环境将有助于教师随时随地获取知识，并根据自身需要进行深度学习和技术进阶。最后，培训内容应注重理论与实践的有机结合。通过引入案例分析、项目实践等方式，不仅可以让教育工作者更好地掌握理论知识，还能在实际操作中提高其问题解决能力和技术应用水平。这样的培训模式能够有效提升教育工作者的综合技术能力，使其在教学和管理中得心应手，推动整体教学质量的提升。

2. 提供个性化的学习支持

提供个性化的学习支持是提升教育工作者技术能力的重要策略。首先，应根据每位教育工作者的技术水平和具体学习需求，制定个性化的培训方案。这些方案应包括学习内容、学习方式以及学习进度的个性化设置，确保每个人都能按照

自己的节奏进行学习，真正实现因材施教。这不仅提高了学习的效率，也能够帮助教育工作者更好地掌握相关技术。其次，应为教育工作者配备专业的指导老师或导师，进行定期的学习跟踪与指导。导师可以帮助学员解决在学习过程中遇到的各种问题与困难，提供个性化的反馈和建议，确保学习目标能够顺利达成。这样的指导机制将帮助教育工作者不断进步，提升他们的技术应用能力。最后，建立一个在线学习社群或讨论平台，提供一个交流学习经验的空间。在这个平台上，教育工作者可以分享他们在学习过程中遇到的挑战和解决方案，形成良好的学习氛围。通过相互帮助和经验分享，学习者之间可以构建起互助机制，共同进步，进一步提升整体的学习效果。

3. 建立技术支持体系

建立完善的技术支持体系是保障教育工作者顺利运用数字化工具和平台的关键。首先，应组建一支专业的技术支持团队，专门负责解答教育工作者在使用数字化工具和平台过程中遇到的各种技术问题。这个团队应具备广泛的技术知识和快速响应能力，能够提供及时有效的技术支持和服务，确保问题能够迅速得到解决，保障工作流程的顺畅运行。其次，建立专门的技术咨询服务机构或平台，为教育工作者提供专业的技术咨询和培训服务。这个平台不仅能为教育工作者在数字化管理和教学过程中遇到的技术难题提供专业解答，还可以根据他们的需求量身定制技术培训计划。通过这种方式，教育工作者可以获得持续的技术支持，确保他们在面对复杂技术挑战时能够得到专业帮助。最后，定期举办数字化教育技术培训活动，邀请行业专家和技术人员进行深入的技术分享和经验交流。这些活动不仅能帮助教育工作者了解行业内最新的技术发展，还能为他们提供实践中的指导，促进他们技术水平和应用能力的持续提升。通过多样化的技术支持体系，教育工作者将能够更好地应对数字化时代的挑战，提高教学管理的效率和效果。

（二）数据安全和隐私保护及应对措施

教育管理涉及大量的敏感数据，如学生信息、教学数据等，数据安全和隐私保护成为一个重要的挑战。以下是应对措施：

1. 建立严格的数据安全管理体系

建立严格的数据安全管理体系是保障信息安全的核心步骤。首先，需要制定统一的数据安全标准和规范，明确数据安全的具体要求和操作流程。此标准应涵盖数据采集、存储、传输以及处理等各个环节，确保每一个步骤都符合安全要求，并采用最佳的安全措施来保护数据的完整性和隐私性。其次，应建立健全的数据权限管理制度。根据不同人员的职责和权限，合理划分数据的访问权，确保只有经过授权的人员才能访问和操作敏感数据。通过严格的权限管理，能够有效防止数据滥用和未经授权的访问，进一步保障数据安全。最后，采用先进的技术手段，如数据加密、防火墙保护、身份认证系统等，来强化数据在存储和传输过程中的安全防护。这些技术措施能够有效防止数据被非法获取、窃取或篡改，确保数据的机密性和安全性。通过这些多层次的防护手段，数据安全管理体系将更加稳固和可靠。

2. 加强数据隐私保护措施

加强数据隐私保护措施至关重要。首先，应建立完善的隐私保护政策和制度，明确规定数据的收集、使用、共享以及保护原则，确保个人隐私权益得到有效保障。政策应详细阐述如何规范数据使用，避免不必要的滥用或泄露，确保所有操作透明合规。其次，对于敏感的个人信息，必须进行匿名化处理，减少身份识别信息的收集和使用，从源头降低数据泄露的风险。这一措施不仅保护隐私，还能有效避免信息滥用，提升数据安全性。最后，应建立健全的数据隐私保护监督机制，对相关机构和企业进行定期监督检查，及时发现和纠正潜在的安全隐患。通过加强监督，确保数据的收集和处理符合隐私保护要求，从而有效保障数据安全和隐私权益。

3. 增强数据安全意识

增强数据安全意识是确保信息安全的关键举措。首先，应组织针对相关从业人员的定期数据安全培训活动，广泛普及数据安全的知识和技能，帮助他们理解数据保护的必要性，并提升防范数据安全风险的能力。这些培训应涵盖常见的安全威胁、应对策略以及具体的操作规程，确保每个员工都具备基础的数据安全知识。其次，需建立完善的内部数据管理制度和流程，明确数据的管理权限和使用规范，防止内部人员滥用或泄露敏感数据。通过强化内部管理和监督，可以有效降低数据风险，确保数据在整个流程中的安全性和合规性。最后，应倡导构建以数据安全为核心的企业文化，强调数据安全的重要性以及每个员工在保护数据中的责任。通过营造全员参与、共同维护的数据安全氛围，使每个人都意识到自己在保障数据安全中的作用，从而形成一个持续改进、协作防护的安全环境。

第二节　培养具备数字化时代教育管理创新能力的策略

一、提供专业化培训课程

在数字化时代，教育管理面临着新的挑战和需求，因此提供专业化培训课程至关重要。这些课程应该涵盖以下方面。

（一）教育信息化

1.教育信息化基础知识

（1）教育信息化的基本概念

教育信息化是将信息技术应用于教育领域，通过数字化、网络化和智能化手段改造和提升教育活动的管理和实施过程。

（2）教育信息化的发展历程

从计算机技术的引入到互联网的普及，再到人工智能和大数据的应用，教育信息化经历了多个阶段的发展，不断推动着教育的现代化进程。

（3）教育信息化的意义

教育信息化可以提高教育资源的利用效率，拓展教学手段和渠道，促进教学质量的提升，推动教育公平和普及。

2.教育管理信息系统（EMIS）

（1）EMIS 的建设与应用

教育管理信息系统是指利用信息技术手段管理和运营教育活动的系统。其建设包括系统架构设计、功能模块设置、数据库构建等方面，旨在实现教育资源的集约化管理和优化配置。

（2）系统架构设计

EMIS 的架构设计应考虑到教育管理的各个环节，包括教务管理、学生管理、教师管理、课程管理等，确保系统具备全面的功能覆盖和良好的用户体验。

（3）数据采集和处理

EMIS 需要采集和处理大量的教育数据，包括学生信息、教学资源、课程安排等，因此需要建立完善的数据采集、存储和处理机制，确保数据的准确性和安全性。

3. 电子教务管理系统

（1）运作原理

电子教务管理系统是一种利用信息技术手段管理学校教务工作的系统，其运作原理是通过网络平台实现教务管理的各项功能，如学生选课、成绩录入、教学计划制定等。

（2）操作方法

教育管理人员需要掌握电子教务管理系统的操作方法，包括登录系统、查看数据、录入信息、生成报表等操作步骤，以便有效地开展教务管理工作。

（3）维护技巧

为了保证电子教务管理系统的稳定运行，管理人员需要掌握系统的维护技巧，包括定期更新系统、备份数据、排除故障等，确保系统的正常运转和数据的安全性。

（二）大数据分析

1. 数据分析基础知识

（1）数据分析的基本概念

数据分析是指利用统计学、计算机科学和数据挖掘等技术对数据进行分析和解释，从中获取有用的信息和洞察，以支持决策和行动。

（2）数据分析方法和技术

数据分析包括描述性分析、预测性分析和决策分析等方法。描述性分析主要用于对数据的总体特征和趋势进行描述和分析；预测性分析则是利用历史数据预测未来趋势和结果；决策分析则是基于数据结果进行决策。

2. 数据挖掘技术

（1）数据挖掘的基本理论

数据挖掘是从大规模数据集中发现隐藏模式、关联和规律的过程。其基本理论包括分类、聚类、关联规则挖掘等。

（2）常用算法

常用的数据挖掘算法包括决策树、聚类分析、关联规则挖掘和神经网络等。这些算法可以用于发现数据中的潜在模式和关系，从而帮助管理人员做出更准确的决策。

3.数据可视化与统计分析

（1）数据可视化工具

数据可视化是将数据转化为图形、图表或地图等可视化形式，以便直观地展示数据之间的关系和趋势。常用的数据可视化工具包括 Tableau、Power BI 和 Matplotlib 等。

（2）统计分析方法

统计分析是对数据进行量化分析和推断的过程，常用于验证假设、检验数据的显著性和预测趋势。常见的统计分析方法包括假设检验、方差分析和回归分析等。

（三）教育科技应用

1.在线教育平台建设与管理

（1）在线教育平台的发展趋势

当前，随着信息技术的飞速发展和互联网的普及，在线教育平台正逐渐成为教育领域的重要组成部分。在这一背景下，在线教育平台的发展呈现出几个明显的趋势。

第一，移动学习成为主流。随着智能手机、平板电脑等移动设备的普及，学习者可以随时随地通过移动设备访问在线教育平台，实现异地、异时间的学习。这种灵活的学习方式使得学习不再受限于传统的教室环境，大大提高了学习的便捷性和灵活性。

第二，个性化学习受到重视。在线教育平台可以根据学习者的个性特点、学习进度和兴趣爱好，为其量身定制学习路径和内容，实现个性化的学习体验。通过智能算法和数据分析，平台可以实现智能推荐、个性化反馈等功能，提高学习者的学习效果和满意度。

第三，在线教育平台上的教学资源日益丰富。传统的教育资源通常受到地域和时间的限制，而在线教育平台可以汇集全球优质的教学资源，包括视频课程、电子书籍、在线课程等，为学习者提供更广泛、更丰富的学习内容。同时，互动性强的在线教学环境也为学习者提供了更多参与学习的机会，促进了知识的交流和分享。

（2）在线教育平台的功能特点

在线教育平台作为现代教育的重要工具，具有多种功能特点，可以满足不同教育需求并提供全面的教学支持。

第一，课程管理是在线教育平台的核心功能之一。平台可以通过课程管理功能实现课程的发布、更新和管理，包括课程内容的编辑、组织和排版，以及课程资源的上传、分享和管理。

第二，学生管理模块是在线教育平台的重要组成部分，它可以帮助教师管理学生信息、学习进度和成绩情况，包括学生注册、选课管理、学习跟踪和学生成绩管理等功能。在线评估是另一个关键功能，通过在线评估模块，教师可以设置在线考试、作业和测验，对学生进行评估和反馈，以及生成评估报告和统计分析数据。

第三，互动交流功能也是在线教育平台不可或缺的一部分，它包括在线讨论、问答互动、实时答疑和在线辅导等功能，为学生和教师提供了互动交流的平台，促进了师生之间的交流和学习氛围的建立。针对不同的教育需求，教师可以根据平台提供的定制化功能进行个性化配置和管理。例如，他们可以根据课程类型和学生群体的特点，定制课程内容和学习资源，设计个性化的学习路径和评估方式，以及设置不同的互动交流机制和学生管理策略。通过灵活的平台定制和管理，可以更好地满足教育实践的需求，提高教学效果和教育质量。

（3）在线教育平台的管理模式

在线教育平台的管理模式和运营策略是确保平台高效运转、提供优质服务并实现可持续发展的关键。

第一，内容更新是管理模式中的重要环节。平台需要不断更新和丰富教育资源，包括课程内容、教学资料、学习工具等，以满足用户的学习需求和时代的发展。内容更新可以通过与教师和专业内容提供商的合作，以及对用户反馈和需求的及时调查分析来实现。

第二，用户服务是在线教育平台管理的另一个关键方面。平台需要提供优质的用户服务，包括注册与登录、课程选择、学习指导、技术支持、在线咨询等，以提升用户体验和满意度。为了实现良好的用户服务，平台可以建立完善的客服体系和用户反馈机制，及时响应用户的问题和建议，不断优化服务质量。

第三，数据分析也是管理模式中不可或缺的一环。通过对用户数据和行为的分析，平台可以了解用户的学习情况和偏好，优化课程设置、推荐系统和个性化服务，提高用户满意度和学习效果。

第四，平台还可以通过数据分析预测和调整运营策略，实现更加精准的用户定位和市场营销。为了提高用户体验和平台的可持续发展性，管理者还需要关注平台的技术更新和安全保障，不断改进平台的技术架构和功能设计，提高系统稳定性和安全性，保障用户信息和数据的安全。

第五，平台还应积极开展市场推广和品牌建设，扩大用户规模和影响力，增强平台的竞争力和市场地位，从而实现长期的可持续发展。通过科学有效的管理模式和运营策略，在线教育平台能够更好地满足用户需求，提升用户体验，实现良性发展。

2.虚拟实验室应用

（1）虚拟实验室的设计原理

虚拟实验室的设计原理基于先进的计算机技术，主要包括仿真技术、虚拟现实技术和人机交互技术等方面。第一，仿真技术是虚拟实验室的核心，它通过模拟实际物理过程和现象，将实验场景转化为数字化的模型和算法。这种技术利用数学建模和计算机仿真，模拟实验设备、材料和环境的行为和特性，使得学生可以在计算机上进行实验操作，获得与真实实验相似的体验和结果。

第二，虚拟现实技术是实现虚拟实验室的关键技术之一，它通过计算机图形学、虚拟场景生成和感知交互技术，将学生置身于虚拟的实验环境中。这种技术可以创建逼真的三维虚拟场景，包括实验设备、实验材料、实验环境等，让学生通过计算机界面与虚拟实验场景进行互动和操作，感受实验过程和效果。

第三，人机交互技术也是虚拟实验室设计的重要组成部分，它包括多种交互方式和操作手段，如键盘鼠标、触摸屏、手势识别、虚拟现实头盔等。这些技术可以实现学生与虚拟实验环境之间的实时交互和反馈，使得学生可以灵活地操作实验设备和控制实验过程，达到预期的实验目标。

（2）虚拟实验室的操作方法

虚拟实验室是一种基于虚拟仿真技术的教学工具，可以在计算机或互联网平台上模拟真实的实验环境和操作过程，为学生提供实验教学的虚拟体验。其操作方法可以分为以下几个步骤：

第一，选择实验设备。在虚拟实验室中，学生可以根据教学要求和实验目的，在虚拟实验室平台上选择相应的实验设备和器材。这些设备可能涵盖各种实验场景和学科领域，如物理、化学、生物、工程等。

第二，搭建实验场景。一旦选择了实验设备，学生可以根据实验要求，在虚拟实验室平台上搭建实验场景。这包括设置实验参数、调整实验条件、安装实验仪器等操作，以确保实验环境和条件的准确模拟。

第三，进行实验操作。学生可以通过虚拟实验室平台进行实验操作，包括启动设备、调节参数、进行观测和记录数据等。在实验过程中，学生可以通过模拟实验设备的操作界面进行操作，与真实实验类似，但无须实际物理设备和实验室空间。

第四，进行实验数据的采集和记录。虚拟实验室平台通常会自动记录学生的实验操作和实验数据，包括实验过程中的各种参数、观测结果和数据变化。学生也可以手动记录实验过程中的关键数据和观察现象，以便后续分析和总结。

第五，进行实验数据的分析和报告。完成实验后，学生可以利用虚拟实验室平台提供的数据分析工具，对实验数据进行处理和分析，生成实验报告或分析结果。这些报告可以包括实验目的、操作步骤、数据结果、分析结论等内容，以展示学生对实验内容的理解和掌握程度。

3. 智能教学系统开发

智能教学系统是基于先进的人工智能技术，结合教学原理和学生个性化需求，设计开发的一种教学辅助工具。其基本概念在于利用人工智能、机器学习和自然语言处理等技术，为学生提供个性化、智能化的学习支持和辅导，以提高教学效果和学习体验。

（1）智能教学系统的开发方法

智能教学系统的开发是一个复杂而系统的过程，涉及多个阶段和环节。其开发方法可以概括为以下几个步骤：

第一，进行需求分析。在这一阶段，开发团队需要与教育机构或教育专家合作，深入了解教育领域的需求和挑战，明确智能教学系统应该具备的功能和特点。这包括对用户群体的调研、用户需求的收集和分析，以及对系统功能和性能的定义和规划。

第二，进行系统设计。在需求分析的基础上，开发团队进行系统架构设计和功能设计，确定系统的模块化结构和功能模块，以及模块之间的交互逻辑和数据流动。在这一阶段，还需要确定系统的技术框架和开发平台，选择合适的开发工具和技术栈。

第三，进行算法实现。根据系统设计的要求和功能需求，开发团队开始编写代码，实现系统的各个功能模块和算法模型。这包括数据处理算法、机器学习模型、自然语言处理算法等的实现和优化，以确保系统具有良好的性能和稳定性。

第四，进行系统测试。在开发完成后，需要对系统进行全面的测试和验证，包括单元测试、集成测试、系统测试和用户验收测试等。通过测试，检查系统是否符合设计要求和用户需求，发现和解决系统中存在的缺陷和问题，确保系统的质量和可靠性。

第五，进行系统部署和维护。在系统通过测试并且用户确认无误后，可以进行系统部署和上线。同时，需要建立系统的维护和更新机制，定期对系统进行优化和升级，确保系统能够持续稳定地运行，并满足不断变化的教育需求和技术发展。

（2）智能教学系统的应用场景

智能教学系统在不同的教育场景和学科领域都有广泛地应用，可以提供个性化、智能化的教学和学习支持，有效提高教学效果和学习体验。

第一，智能辅导系统是智能教学系统的一个重要应用场景。这类系统通过分析学生的学习情况和学习需求，提供个性化的学习计划和学习资源，帮助学生解决学习中遇到的困难和问题。例如，智能辅导系统可以根据学生的学习进度和能力水平，推荐适合的学习内容和练习题目，并根据学生的学习反馈调整学习策略，从而实现个性化的学习辅导和指导。

第二，个性化学习系统也是智能教学系统的重要应用场景之一。这类系统通过分析学生的学习行为和学习偏好，为每个学生量身定制学习路径和学习资源，提供定制化的学习体验和教学内容。例如，个性化学习系统可以根据学生的学习兴趣和学习风格，推荐适合的学习材料和学习方式，以促进学生的学习兴趣和学习动力，提高学习效果和学习成绩。

第三，在现代教育技术的蓬勃发展中，智能评估系统已成为智能教学体系中不可或缺的关键环节。这一系统的主要功能在于全面而精确地评估学生的学术表现与学习进程，从而为教育工作者和学习者提供有力的支持。通过高度自动化的数据处理与分析，智能评估系统能够实时监控学生的学习活动，包括作业完成情况、测验成绩以及考试表现，进而生成详尽的评估报告。

二、建立实践平台和实习机会

（一）建立实践平台

在培养教育管理人员数字化时代创新能力的过程中，建立实践平台是至关重要的一环。这些实践平台旨在为教育管理人员提供一个实践操作的场所，使他们能够在实际项目中应用所学知识，培养创新能力。这些平台可以有多种形式，包括学校内部的教育管理实验室、创新实践基地，以及与行业合作的实践基地等。

1.学校内部的教育管理实验室或创新实践基地

教育管理实验室和创新实践基地是学校内部为教育管理人员提供的重要实践平台。这些平台通常由学校自身设立或运营，旨在模拟真实的教育管理环境，为教育管理人员提供实践操作的机会。

首先，这些实验室和基地提供了一个安全的实践环境，让教育管理人员能够在没有风险的情况下进行实践操作。他们可以在这些平台上参与各种教育管理项目的设计、开发和实施，例如校园信息化建设、数字化教学资源的开发等。通过亲身参与项目，教育管理人员可以加深对教育管理理论的理解，并学习如何运用数字化技术进行管理创新。

其次，这些实验室和基地提供了一个互动交流的平台，让教育管理人员能够与同行进行合作和交流。在这里，他们可以与其他教育管理人员一起探讨问题、分享经验，共同解决实际工作中遇到的挑战。这种合作与交流不仅有助于个人能力的提升，也促进了整个教育管理领域的发展。

最后，这些实验室和基地还可以作为教育管理研究和创新的孵化器。教育管理人员可以在这里开展教育管理领域的研究项目，探索新的理论和方法，推动教育管理的创新发展。这种研究和创新活动有助于提升教育管理人员的学术水平和创新能力，为教育管理领域的进步贡献力量。

2. 与行业合作的实践基地

与行业合作的实践基地是学校为教育管理人员提供的另一种实践平台。这些基地通常由学校与行业合作伙伴共同建立或运营，旨在为教育管理人员提供更广阔、更真实的实践机会。

首先，与行业合作的实践基地可以让教育管理人员接触到真实的教育管理场景和问题。这些基地通常位于企业、政府部门或非营利组织等行业机构内，与学校合作开展教育管理项目。教育管理人员可以在这里参与项目的设计、实施和评估，了解教育管理在实际工作中的应用和挑战。

其次，与行业合作的实践基地为教育管理人员提供了更多的实践资源和支持。这些基地通常拥有丰富的教育管理经验和资源，可以为教育管理人员提供指导和帮助。例如，他们可以提供专业的培训课程、实践指导和项目资源，帮助教育管理人员更好地应对实际工作中的挑战。

最后，与行业合作的实践基地还可以促进学校与行业之间的合作和交流。通过与行业合作，学校可以了解行业的需求和趋势，为教育管理人员提供更贴近实际的培训和实践机会。同时，行业合作也可以为学校带来更多的资源和支持，推动教育管理领域的创新和发展。

（二）提供实习机会

实习机会可以让教育管理人员在实际工作中学习、成长，并将理论知识应用到实际工作中去。这些实习机会可以与企业、学校或政府部门的合作而得到，为教育管理人员提供丰富的实践机会和学习资源。

1. 与企业合作提供实习机会

与企业合作提供实习机会是培养教育管理人员创新能力的重要途径之一。在数字化时代，教育领域与科技、商业等行业的融合日益加深，因此，通过与企业合作，教育管理人员可以获得更多实践机会和学习资源，从而不断提升实践能力和创新能力。

在企业实习过程中，教育管理人员可以参与各种与数字化教育相关的工作，如教育科技产品的开发、市场推广和项目管理等。首先，他们可以参与产品的需求分析和设计，了解产品开发的流程和方法。通过与企业的技术团队合作，教育管理人员可以学习到先进的技术知识和工作方法，了解数字化教育产品的设计原理和实际应用场景，从而为未来的教育管理工作积累宝贵经验。

其次，教育管理人员还可以参与数字化教育产品的市场推广和销售工作。在实习过程中，他们可以了解市场调研的方法和技巧，学习到如何制定有效的营销策略和推广方案。通过与企业的销售团队合作，教育管理人员可以锻炼自己的市场洞察力和营销能力，为将来的教育管理工作打下坚实的基础。

最后，参与项目管理是实习过程中的另一个重要方面。教育管理人员可以参与项目的组织和协调工作，了解项目管理的流程和方法。通过与企业的项目团队合作，他们可以学习到如何制定项目计划、分配资源和监督进度，提升自己的组织能力和团队合作能力，为未来的教育管理工作积累宝贵经验。

2. 与学校合作提供实习机会

学校是教育管理的重要场所，其管理工作涉及诸多方面，包括教务管理、信息化建设、课程设计与评估等。通过与学校合作提供实习机会，教育管理人员可以深入了解学校管理的具体工作内容和流程，从而积累实践经验和提升技能。

在学校实习过程中，教育管理人员可以参与教务处、校园网络中心或数字化教育中心等部门的工作。第一，他们可以参与教务管理工作，了解学校课程设置、教学计划编制、考试安排等方面的管理流程。通过参与教务处的日常工作，教育管理人员可以掌握课程管理的基本原理和方法，提升自己的课程设计和评估能力。

第二，教育管理人员还可以参与校园网络中心的工作，负责校园网络的建设和维护。随着信息化时代的发展，学校网络建设已成为教育管理的重要组成部分。通过参与网络中心的工作，教育管理人员可以了解网络技术的应用和管理，提升自己的信息化能力和网络管理技能。

第三，教育管理人员还可以参与数字化教育资源的开发和管理工作。数字化教育资源在现代教育中起着重要的作用，通过参与数字化教育中心的工作，教育管理人员可以了解数字化教育资源的开发和管理流程，提升自己的教育技术能力和教学设计能力。

三、推动跨界交叉培养

数字化时代的教育管理创新需要跨学科的知识和技能，因此推动跨界交叉培养是培养教育管理人员数字化时代创新能力的重要策略之一。

跨界交叉培养可以通过以下方式实现。

（一）合作项目

1. 与信息技术、数据科学领域的机构或企业合作开展项目

在数字化时代，信息技术和数据科学已成为各个领域发展的重要支撑。通过与相关领域的合作伙伴开展项目，教育管理人员能够有效促进跨界合作，拓宽视野，提升创新能力。

合作项目的范围广泛，涵盖多个方面，包括但不限于数字化平台的开发、数据分析与挖掘、在线资源的设计与制作。

第一，教育管理人员可以与信息技术公司合作开发智能应用程序，这些应用程序基于人工智能、机器学习等先进技术，帮助优化管理流程、评估系统效率，甚至实现个性化服务，从而提高整体运营效率和效果。此外，合作与数据科学团队的工作，可以利用大数据分析技术对相关数据进行深度挖掘，发现潜在规律和行为模式，为决策提供数据支持。

第二，合作项目还可以涵盖在线资源的设计与制作。随着在线服务的快速发展，越来越多的机构开始提供在线资源，如视频内容、电子文档等。通过与技术公司或数字内容提供商的合作，教育管理人员能够设计并制作高质量的在线资源，满足个性化需求，提升用户体验和服务效果。

2. 共同探索数字化时代教育管理的创新模式和方法

与信息技术、数据科学等领域的合作伙伴共同探索数字化时代教育管理的创新模式和方法，为教育管理人员提供实践机会，促进跨界交叉培养的重要途径。这种合作模式不仅能够让教育管理人员了解不同领域的专业知识和工作流程，还能够拓宽视野，促进创新思维和方法的融合，推动数字化时代教育管理的创新发展。

在与技术公司合作开发教育智能应用程序的过程中，教育管理人员与技术团队共同探讨教学需求和技术实现方案。通过与技术团队的合作，教育管理人员能够了解技术开发的流程和方法，掌握先进技术和工具在教育领域的应用，从而更

好地理解和把握数字化时代教育管理的发展趋势和方向。

在与数据科学团队合作分析教育数据的过程中，教育管理人员与数据科学家共同分析数据、提取特征、建立模型，探讨数据分析的方法和工具。通过与数据科学团队的合作，教育管理人员可以了解数据科学在教育管理中的应用场景和方法，学习如何通过数据分析改进教育管理决策与实践，从而提升教育管理的效率和效果。

（二）跨学科培训

1. 设计并实施跨学科的培训课程

为了促进教育管理人员的跨界交叉培养，可以设计并实施跨学科的培训课程。这些课程旨在邀请不同领域的专家和从业者进行授课，让教育管理人员从多个角度了解数字化时代教育管理的重要性和方法，拓宽自己的专业视野和知识结构。

跨学科培训课程可以涵盖教育管理、信息技术、数据科学、心理学、社会学等多个学科领域。例如，可以邀请教育管理专家介绍数字化时代教育管理的理论框架和实践案例，邀请信息技术专家介绍教育技术的发展趋势和应用场景，邀请数据科学家介绍教育数据分析的方法和工具，邀请心理学家介绍教育心理学的基本理论和实践应用，邀请社会学家介绍教育社会学的研究方法和成果等。通过这些跨学科的培训课程，教育管理人员可以全面了解数字化时代教育管理的理论和实践，提升自己的专业能力和创新能力。

2. 提供实践案例和项目实践机会

跨学科培训课程不仅可以为教育管理人员提供理论知识，还可以提供实践案例和项目实践机会。通过分析和讨论实践案例，教育管理人员可以了解数字化时代教育管理的实际问题和解决方法，培养解决问题的能力和创新思维。通过参与项目实践，教育管理人员可以将理论知识应用到实际工作中去，锻炼自己的实践能力和创新能力。

例如，跨学科培训课程可以设计案例分析环节，让教育管理人员分析真实的教育管理案例，并结合不同学科的理论知识提出解决问题的方案。这些案例可以涵盖教育信息化建设、教学改革实践、学校管理创新等方面，帮助教育管理人员从多个角度理解数字化时代教育管理的挑战和机遇。

此外，跨学科培训课程还可以组织项目实践环节，让教育管理人员参与真实的项目，从实践中学习和成长。这些项目可以是与企业、学校或政府部门合作的实践项目，也可以是教育管理机构自主组织的实践活动。通过参与项目实践，教育管理人员可以了解项目管理的方法和技巧，锻炼团队合作和沟通能力，培养解决问题和创新的能力，提升自己在数字化时代教育管理领域的实践能力和竞争力。

（三）交流活动

1. 组织跨界交流活动

为了促进教育管理人员之间的跨界交流和合作，可以组织各种形式的交流活动，如研讨会、讲座、座谈会等。这些活动旨在为教育管理人员提供与其他领域专家和从业者交流的平台，分享经验和资源，促进跨界合作和创新。

交流活动可以邀请信息技术、数据科学、心理学、社会学等领域的专家和从业者参与，共同探讨数字化时代教育管理的发展趋势、挑战和解决方法。通过与不同领域的专家和从业者交流，教育管理人员可以了解其他领域的最新进展和成果，获取新的思路和创意，拓宽自己的思维和视野。

2. 建立跨界合作平台

为促进跨界交流与合作，建立跨界合作平台是至关重要的。这样的平台可以为教育管理人员提供一个共享资源、交流经验和合作机会的空间，从而推动数字化时代教育管理的创新发展。这些平台可以采取多种形式，包括在线社区、专业协会和跨学科研究中心等。

第一，建立在线社区是一种常见的形式，可以通过互联网技术构建一个数字化的交流平台，让教育管理人员在线上进行讨论、分享经验和提供支持。这种形式的平台可以随时随地访问，为教育管理人员提供便捷的交流渠道。通过在线社区，教育管理人员可以结识来自不同领域的同行，共同探讨数字化时代教育管理的新思路和解决方案。

第二，建立专业协会也是一种有效的方式，可以将同一领域的教育管理人员聚集在一起，共同探讨行业发展、研究前沿问题和推动创新实践。专业协会可以定期组织会议、研讨会、研究项目等活动，为会员提供交流、学习和合作的机会。通过专业协会，教育管理人员可以建立起稳固的人际关系网络，从而加深彼此的了解和信任，促进跨界交流与合作。

　　第三，建立跨学科研究中心也是一种有效的方式，可以打破学科壁垒，促进不同领域的专家和从业者之间的跨界合作。跨学科研究中心可以聚焦于数字化时代教育管理领域，整合教育、技术、管理等多个学科的资源和优势，开展跨界合作项目、共同研究课题，为数字化时代教育管理的创新提供理论支持和实践指导。

第七章

数字化时代教育管理创新评估与质量保证

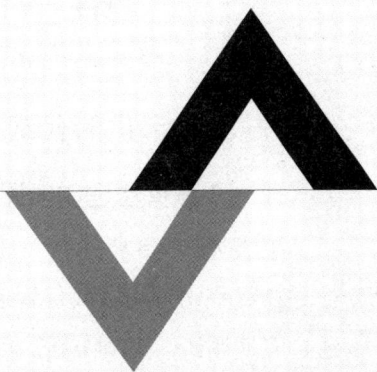

第一节　评估方法与指标

一、数字化时代教育管理创新评估的方法与工具选择

（一）教育管理创新评估的方法论探讨

1.定性方法的应用

在数字化时代，教育管理创新的评估中，定性方法是不可或缺的。定性方法通过实地调研、案例分析、问卷调查、访谈等手段，深入了解教育管理创新的具体情况和影响因素。通过实地调研，评估人员可以直接观察和了解创新项目的实施情况，包括项目的实际运行情况、参与者的反馈和项目的影响范围等。案例分析则可以借鉴先前成功的创新案例，了解其成功经验和不足之处，为当前项目的改进提供参考。问卷调查和访谈则可以获取参与者的主观感受和意见，包括对项目效果的评价、对创新过程的反馈以及对后续改进的建议等。

定性方法的优势在于其能够深入了解参与者的真实感受和看法，帮助评估人员从多个角度全面把握创新项目的情况。通过定性方法，评估人员可以发现一些隐性的问题和挑战，为后续的改进提供指导。

2.定量方法的应用

在数字化时代的教育管理创新评估中，定量方法也起着至关重要的作用。定量方法借助统计分析工具和技术，对教育管理创新过程中产生的数据进行量化分析和挖掘，从中提取有价值的信息和结论。通过定量分析，评估人员可以客观地评价创新项目的成效和效果。

定量分析可以衡量创新项目的影响范围、项目的经济效益、参与者的满意度等指标。例如，可以利用定量分析来对项目的投入产出比进行评估，评估项目的经济效益；也可以通过定量调查来测量参与者的满意度和对项目效果的评价。这些定量数据可以为评估人员提供客观的数据支持，帮助他们更好地了解项目的整体情况和效果。

3.定性与定量相结合的方法

定性方法和定量方法各有其优势，但单独使用可能会存在局限性。因此，在数字化时代教育管理创新评估中，将定性和定量方法相结合是十分重要的。定性方法可以帮助评估人员深入了解项目的具体情况和影响因素，发现一些隐性的问题和挑战；而定量方法则可以提供客观的数据支持，对项目的成效和效果进行量化评估。

通过定性与定量相结合的方法，评估人员可以从多个角度全面评估创新项目的情况，并为后续的改进和提升提供科学依据。这种综合方法能够充分利用各种信息和数据资源，为数字化时代的教育管理创新提供有效的评估和指导。

（二）借助数据分析工具和技术

1.数据分析工具的应用

在数字化时代，数据分析工具的应用已经成为评估教育管理创新效果的重要手段之一。评估人员可以借助各种数据分析工具，如 SPSS、Excel、Python 等，对教育管理创新过程中产生的数据进行统计分析和挖掘。这些工具具有强大的功能，能够帮助评估人员从大量数据中提取有价值的信息，发现数据之间的相关性和规律，为评估结果的客观性和科学性提供保障。

通过数据分析工具，评估人员可以对创新项目的各项指标进行量化分析，例如项目的投入产出比、参与者的满意度、项目的执行效率等。这些指标可以通过数据分析工具进行快速、准确地计算和分析，帮助评估人员更加清晰地了解项目的优势和不足，为后续的决策提供数据支持。

2.数据挖掘技术的应用

除了常规的数据分析工具，评估人员还可以借助数据挖掘技术来发现数据中隐藏的信息和规律。数据挖掘是一种通过自动或半自动的方法，在大规模数据集中发现模式、关联和异常的技术。通过数据挖掘，评估人员可以发现一些潜在的问题和机会，为教育管理创新的改进和优化提供思路和建议。

数据挖掘技术可以帮助评估人员从海量数据中快速识别出与创新项目相关的模式和趋势，为评估提供更为全面和深入的分析。

3.数据分析与数据挖掘相结合的方法

数据分析工具和数据挖掘技术各有其优势，但单独使用可能会存在局限性。

因此，评估人员可以将数据分析与数据挖掘相结合，从多个角度和层面对教育管理创新进行全面、深入地评估。通过数据分析工具进行定量分析，可以快速、准确地获取项目的关键指标和数据特征；而通过数据挖掘技术进行数据挖掘，则可以发现数据中隐藏的模式和规律，为评估提供更为深入和全面的分析。

通过数据分析与数据挖掘相结合的方法，评估人员可以更好地利用数据资源，为数字化时代的教育管理创新提供有效的评估和指导。这种综合方法能够充分发挥数据的潜力，为教育管理的改进和提升提供科学依据。

（三）利用信息技术和网络平台搭建评估系统

在数字化时代，信息技术和网络平台的应用已经成为评估教育管理创新效果的重要途径之一。这种应用不仅使评估工作更加高效和便捷，还为评估人员和参与者提供了更广泛的交流和合作平台。

1. 搭建评估系统

搭建评估系统是评估教育管理创新效果的一项重要举措。利用信息技术和网络平台，评估人员可以建立一个在线评估系统，以实现对评估过程的信息化管理。这个系统为参与者和评估人员提供了一个便捷的交流和反馈渠道，使他们能够随时随地提交意见、评价和观点。通过这种方式，评估人员可以及时了解项目的进展情况和参与者的反馈，从而更好地把握项目的实施情况和效果。

在线评估系统的建立不仅节省了评估工作的时间和成本，而且提高了评估的及时性和准确性。参与者无须受到地理位置、时间等限制，可以方便地参与评估活动，提交自己的意见和建议。评估人员则可以通过系统收集、整理和分析这些反馈信息，为后续的评估和决策提供参考依据。这种信息化管理的方式，不仅提高了评估工作的效率，还提升了评估的科学性和客观性。

此外，搭建评估系统还有助于促进评估工作的透明度和公正性。通过在线平台，评估人员可以公开透明地展示评估的目的、标准和流程，使参与者对评估工作有一个清晰的认识和了解。参与者的意见和建议也可以被其他人所见，增加了评估的公开性和透明度。这有助于建立评估工作的信任和认可，提升评估结果的可信度和影响力。

2. 实现在线监测和评估

利用信息技术和网络平台实现在线监测和评估是数字化时代教育管理创新评

估的重要手段之一。通过建立在线系统，评估人员可以实时监测教育管理创新项目的进展情况和效果。参与者可以通过网络平台提交自己的观点、建议和反馈，评估人员则可以根据这些信息进行评估和改进。这种实时监测和评估的方式为评估工作提供了更加便捷、及时和全面的手段。

在线监测和评估的优势在于其实时性和高效性。传统的评估方法可能需要花费大量的时间和人力资源，而且容易受到时间和空间的限制。而利用信息技术和网络平台搭建在线系统，则能够实现评估工作的即时化和全面化。评估人员可以随时随地监测项目的进展情况，了解参与者的反馈和意见，及时发现问题并进行调整和改进。这种及时性和灵活性有助于评估工作的高效进行，为项目的顺利实施提供了保障。

在线监测和评估还可以促进评估工作的透明度和公正性。通过网络平台，评估过程和结果可以公开透明地展示给参与者和其他利益相关者，使其能够全面了解评估的目的、标准和流程。参与者也可以在在线平台上公开发表自己的意见和建议，增加了评估工作的公开性和透明度。这种开放和公正的评估机制有助于建立评估工作的信任和认可，提升评估结果的可信度和影响力。

3. 促进交流与合作

利用信息技术和网络平台搭建评估系统不仅在方便评估工作开展方面具有重要意义，同时也为评估人员和参与者之间的交流与合作提供了有效平台。网络平台的使用使得评估人员和参与者可以随时随地进行即时的交流和沟通，无论是就项目进展情况、问题解决还是意见交流，都能够快速高效地进行。这种实时的交流机制有助于及时了解参与者的想法、反馈和需求，从而更好地调整和改进评估方案，提高评估的科学性和准确性。

此外，网络平台也为参与者之间的交流与合作提供了便利的途径。参与者可以在平台上分享自己的经验和见解，探讨项目中遇到的问题并共同寻求解决方案。通过这种协作方式，可以有效地利用集体智慧，促进项目的顺利实施和成果的提升。特别是在教育管理创新领域，交流与合作对于汇集各方资源、共同解决问题、推动创新发展至关重要。网络平台的建立为这种合作提供了更广阔的空间和更便捷的渠道。

进一步地，通过网络平台上的交流与合作，还能够促进教育管理创新的持续改进和发展。参与者之间的交流和合作有助于共同发现问题、挖掘机会，形成共识并共同探讨解决方案。这种开放式的合作模式能够激发更多创新思维和方法，推动教育管理领域的不断进步。因此，通过信息技术和网络平台搭建评估系统，可以促进评估工作的高效开展，同时也为教育管理创新的交流与合作提供了重要支持，进而推动领域的不断发展和完善。

二、评估指标体系的构建与优化

（一）多维度的评估指标体系

1.技术应用方面的评估指标

在评估数字化时代教育管理创新的效果时，技术应用方面的指标至关重要。这些指标可以帮助评估人员了解教育科技在教学、管理和服务中的具体应用情况，以及数字化平台的功能和性能表现。具体而言，可以考虑以下几个方面的指标：

（1）教育科技的应用情况

这包括教育科技在教学过程中的应用程度，包括使用的教学软件、应用程序、在线资源等。可以通过调查问卷、教学记录等方式来收集数据。

（2）数字化平台的功能

这涉及数字化教育管理平台或在线学习平台的功能完善程度，包括是否具备在线课程管理、学生信息管理、教学资源管理等功能。评估人员可以通过平台使用情况统计、用户反馈等方式来获取数据。

（3）数字化平台的性能

这主要指数字化平台的性能表现，包括系统的稳定性、响应速度、用户体验等方面。评估人员可以通过技术测试、性能监控等手段来评估。

2.组织管理方面的评估指标

在评估教育管理创新效果时，组织管理方面的指标也是至关重要的。这些指标可以帮助评估人员了解教育管理体制的灵活性、组织架构的有效性等方面的表现。以下是一些可能的评估指标：

（1）教育管理体制的灵活性

这包括教育管理机构的决策机制、管理流程的灵活性、对新技术和方法的接受程度等。评估人员可以通过调查问卷、专家访谈等方式来了解。

（2）组织架构的有效性

这涉及教育管理机构的组织结构设置是否合理、职责分工是否明确、信息流程是否畅通等方面。可以通过组织架构图、工作流程图等来评估。

（3）资源配置的合理性

这包括教育管理机构对于人力、物力、财力等资源的合理配置程度。可以通过财务报表、资源利用率等来评估。

3.教学效果和学生满意度方面的评估指标

教学效果和学生满意度是评估教育管理创新效果的重要衡量标准。以下是一些可能的评估指标：

（1）教学质量的提升

这涉及学生学习成绩的提高、教学效率的提升、教师教学水平的提高等方面。可以通过学生成绩、教学评价等数据来评估。

（2）学生学习成效的改善

这包括学生知识水平的提升、学习能力的提高、创新能力的培养等方面。可以通过学生考试成绩、学术竞赛成绩、毕业生就业率等来评估。

（3）学生满意度的提升

这主要指学生对教学环境、课程设置、教学方法等方面的满意程度。可以通过学生满意度调查、课程评价、教师评价等方式来评估。

（二）指标权重的确定

在构建评估指标体系时，确定各个指标的权重至关重要，因为不同指标对评估结果的影响程度可能不同。以下是一些常用的确定指标权重的方法：

1.专家打分法

专家打分法是一种常用的确定指标权重的方法，它通过邀请相关领域的专家对各个评估指标进行评分，然后根据专家评分的结果确定各指标的权重。这种方法充分利用了专家的意见和经验，可以帮助评估人员更加客观地确定指标的重要性，从而确保评估结果的准确性和可信度。

在使用专家打分法确定指标权重时，评估人员首先需要确定邀请哪些专家参与评分。这些专家应该具有相关领域的专业知识和丰富的实践经验，能够对评估指标的重要性做出准确地评估。评估人员可以通过专家推荐、学术机构或行业组织的专家名录等途径确定专家名单。

确定专家名单后，评估人员需要向专家提供评估指标的详细说明和相关资料，并邀请他们对每个指标进行评分。评分可以采用数字评分、等级评分或百分比评分等方式，评估人员需要根据实际情况确定评分标准和评分方法。

收集到专家评分后，评估人员可以通过统计分析等方法对评分结果进行加权平均，从而确定各个指标的权重。在计算权重时，通常会考虑到专家的权威性和信誉度，以及其在相关领域的影响力和地位。

通过专家打分法确定指标权重，评估人员可以充分利用专家的意见和经验，确保评估指标体系的科学性和准确性。这种方法适用于评估对象复杂、指标众多的情况，能够为评估工作提供可靠的依据。

2. 成分分析（AHP）

成分分析（AHP）是一种定性与定量相结合的方法，它通过构建层次结构，然后对各层次的因素进行两两比较，最终确定各因素的权重。AHP方法适用于多指标、多层次的评估体系，能够帮助评估人员系统地分析各个指标之间的相对重要性，从而确定最终的权重。

在使用AHP方法确定指标权重时，评估人员首先需要构建评估指标的层次结构，将评估指标划分为不同的层次和因素。这些因素可以是层次结构中的不同层次，也可以是同一层次中的不同因素。

确定好层次结构后，评估人员需要对各个因素进行两两比较，以确定它们之间的重要性比较。比较可以采用成对比较矩阵的形式，评估人员需要根据自己的判断和经验，给出不同因素之间的重要性比较值。

收集到成对比较矩阵后，评估人员可以通过计算特征值和特征向量，然后进行一致性检验，最终确定各个因素的权重。在计算权重时，评估人员需要考虑到不同因素之间的相对重要性，以及它们对评估结果的贡献程度。

通过AHP方法确定指标权重，评估人员可以系统地分析各个指标之间的相对重要性，从而为评估工作提供科学的依据。这种方法适用于评估指标之间存在复杂关联和依赖关系的情况，能够有效提高评估结果的准确性和可信度。

3. 主成分分析法（PCA）

主成分分析法（PCA）是一种通过线性变换将原始指标转换为新的指标，然后通过对新指标进行因子分析来确定各个因子的权重的方法。PCA方法适用于评估指标之间存在较强相关性和共线性的情况，能够帮助评估人员从多个维度来理解指标之间的关系，从而确定权重。

在使用主成分分析（PCA）方法来确定指标权重时，评估人员首先需要进行一系列的因子分析操作，以便将原始的复杂指标体系简化为更为精练的新指标集。这一过程的核心在于通过数学手段，将原始指标的数据结构进行转换，从而揭示出数据背后的潜在结构。

确定好因子后，评估人员可以计算各个因子的贡献率和累计贡献率，然后根据这些指标来确定各个因子的权重。通常情况下，评估人员会选择累计贡献率达到一定阈值的前几个因子作为最终的评估指标，从而确定各个指标的权重。

通过PCA方法确定指标权重，评估人员可以充分考虑到指标之间的相关性和共线性，从而更加准确地确定权重。这种方法适用于评估指标之间存在复杂关系和重叠的情况，能够为评估工作提供科学的依据，提高评估结果的可信度和准确性。

4. 模糊综合评价法

模糊综合评价法是一种基于模糊数学理论的方法，通过对指标进行模糊化处理，然后采用模糊综合评价方法确定指标的权重。这种方法能够更好地处理评估指标之间的不确定性和模糊性，提高评估结果的可信度。

在使用模糊综合评价法确定指标权重时，评估人员首先需要对评估指标进行模糊化处理，将其转化为模糊集合或模糊数值。然后，评估人员可以利用模糊数学中的模糊综合评价方法，对各个指标的重要性进行综合评价，从而确定各个指标的权重。

确定指标权重时，评估人员需要考虑到各个指标之间的模糊关系和不确定性，采用适当的模糊综合评价方法进行计算。通过这种方法确定的指标权重能够更好地反映评估对象的实际情况，提高评估结果的准确性和可信度。

（三）指标体系的动态优化

1. 评估指标体系的动态优化

评估指标体系是数字化时代教育管理创新评估的关键组成部分，其动态优化是保证评估工作有效性和科学性的重要环节。评估人员应在评估过程中不断收集反馈意见和数据，以及时发现和解决存在的问题，确保评估指标体系的科学性和准确性。

（1）及时收集反馈意见和数据

评估人员应积极收集参与者、利益相关者以及其他相关方的反馈意见和数据。这些反馈可以来自问卷调查、访谈、会议记录、数据分析等多个渠道，帮助评估人员全面了解项目实施的情况和效果。

（2）分析评估结果

收集到的反馈意见和数据需要进行深入分析，以发现其中存在的问题和不足。评估人员可以利用统计分析、数据挖掘等方法对数据进行处理和分析，从中提取有价值的信息，为评估指标体系的优化提供依据。

（3）发现问题和不足

在分析评估结果的过程中，评估人员需要着重关注存在的问题和不足之处。这些问题可能涉及指标的选择不当、权重设置不合理、数据采集方法不准确等方面。评估人员需要通过深入分析找出问题的根源，并寻找解决方案。

（4）调整和完善指标体系

基于对评估结果的分析和问题的发现，评估人员应及时对评估指标体系进行调整和完善。这可能包括修改指标的定义、重新设置指标的权重、调整数据采集和分析方法等。通过这些调整和完善，可以提高评估指标体系的科学性和准确性。

2. 保持与时俱进

随着教育管理领域的不断发展和变化，评估指标体系也需要与时俱进，以确保其与实际情况相适应。评估人员应不断关注教育管理领域的最新研究成果、政策法规和实践经验，及时调整评估指标体系，使其能够更好地反映教育管理创新的发展趋势和需求。

（1）关注最新研究成果

评估人员应密切关注教育管理领域的最新研究成果，了解前沿理论和方法的发展。这些研究成果可能包括教育管理创新的案例分析、评估方法的改进等，对评估指标体系的优化和调整具有重要参考价值。

（2）了解政策法规

教育管理领域的政策法规对评估工作有重要影响，评估人员应及时了解相关政策法规的变化和调整。这些政策法规可能涉及教育管理创新的政策支持、评估标准的调整等，需要及时反映到评估指标体系中。

（3）借鉴实践经验

评估人员还可以借鉴其他地区或者机构的实践经验，了解其评估指标体系的设计和应用情况。通过借鉴和比较，评估人员可以发现其他地区或者机构的先进经验和做法，为自己的评估工作提供借鉴和参考。

第二节　质量保证措施和改进方案

一、数字化时代教育管理创新质量保证的措施与机制设计

（一）建立完善的质量管理体系

在数字化时代教育管理创新中，建立完善的质量管理体系是保证项目顺利实施和取得预期效果的关键。这一体系应该包括以下几个方面的内容。

1. 规范的流程和操作规范

在建立数字化时代教育管理创新项目的质量管理体系时，制定规范的流程和操作规范至关重要。这些规范性文件旨在明确每个环节的工作职责和操作流程，从而确保项目实施过程中的每一个步骤都得到科学有效地管理和执行，避免出现操作失误或混乱。

第一，规范的流程和操作规范应包括项目的各个阶段和环节，从立项阶段到项目结束阶段，涵盖项目的规划、实施、监控和评估等全过程。在项目立项阶段，应明确项目的目标和范围，制定详细的项目计划和时间表。在项目实施阶段，应规定各个工作包的具体内容、工作要求和完成标准，确保项目能够按时、按质完成。在项目监控阶段，应建立监控机制和指标体系，及时跟踪项目的进展情况和问题变化，做好风险管理和问题解决。最后，在项目评估阶段，应制定评估标准和方法，对项目的成果和效果进行全面评估，总结经验教训，为类似项目的实施提供参考。

第二，规范的流程和操作规范应明确每个环节的工作职责和操作流程。针对不同的任务和工作内容，应指定专人负责，并明确其具体的职责和权限。在操作流程上，应规定每个步骤的操作方法、标准和要求，确保操作规范化、标准化，避免出现不必要的差错和偏差。同时，还应规定相关文件的管理和归档程序，确保项目文档的完整性和可追溯性。

第三，规范的流程和操作规范应不断完善和优化。随着项目的推进和实施，可能会出现新的情况和问题，需要及时对流程和规范进行调整和修订。定期组织评审会议，听取各方意见和建议，收集问题反馈和改进建议，以不断提升项目管理水平和质量保障能力。

2. 明确责任和权限

在建立质量管理体系时，明确责任和权限是确保项目顺利进行和质量得到保障的关键之一。每个项目成员都应清楚自己的工作职责以及在项目中所具有的权限。这样做有助于避免责任模糊或任务交叉所导致的混乱，提高了项目管理的高效性和规范性。

第一，明确责任和权限可以帮助确保每个成员都明白自己在项目中扮演的角色。在项目开始之初，应该明确定义每个成员的工作职责，明确其需要完成的任务和目标。这样可以避免出现工作职责重叠或者遗漏的情况，从而确保项目的各项工作都能得到妥善处理。

第二，明确责任和权限有助于提高团队的协作效率。当每个成员清楚自己的职责和权限后，他们可以更好地分工合作，高效地完成任务。团队成员之间可以更好地协调工作，避免因为不明确的责任导致的沟通不畅和工作冲突，从而提高项目的执行效率。

第三，明确责任和权限还可以提高项目管理的规范性和透明度。通过明确定义每个成员在项目中的权限范围，可以确保项目管理过程的规范化和合规性。同时，也可以让团队成员清楚地了解自己在项目中所具有的权利和责任，增强了项目管理的透明度和公正性。

3. 全面的监控评估机制

建立全面的监控评估机制是确保质量管理体系有效运行的重要措施之一。这种机制可以帮助项目团队及时了解项目的进展情况和效果，发现潜在的问题和风险，并及时采取措施加以解决，以确保项目能够按计划顺利推进。

第一，全面的监控评估机制需要确立适当的数据收集和分析方法。项目团队可以利用各种数据收集工具和技术，例如问卷调查、观察记录、数据统计分析等，收集项目相关数据。通过对这些数据的分析和比较，可以及时了解项目的进展情况，发现存在的问题和风险，为后续决策提供参考依据。

第二，全面的监控评估机制需要建立有效的反馈机制。项目团队可以通过定期的会议、报告和沟通渠道，与相关人员进行沟通和交流，收集各方的意见和建议。同时，也可以建立匿名反馈渠道，让项目参与者可以自由表达意见和反馈，提高信息的真实性和准确性。

第三，全面的监控评估机制需要建立适当的评估标准和指标体系。项目团队可以根据项目的特点和目标，确定适用的评估标准和指标，以便对项目的进展情况和效果进行评估和比较。通过对评估结果的分析和解读，可以及时发现项目存在的问题和不足，并及时采取相应的措施加以改进和调整。

4.持续改进机制

在建立质量管理体系的过程中，设立持续改进机制至关重要。这一机制的目的在于不断优化流程和机制，以适应教育管理创新的不断发展和变化的需求。通过持续改进，可以不断提高项目管理的水平和效率，确保项目能够持续地达到预期的质量和效果。

持续改进机制的建立需要包括以下几个关键步骤：

第一，需要设立定期的评估和审查机制。这一机制可以定期对项目的进展情况和效果进行评估和审查，发现问题和不足，及时采取相应的改进措施。评估和审查可以通过定期召开项目评估会议、组织项目回顾会议等方式进行，确保项目管理的及时性和有效性。

第二，需要建立有效的问题识别和解决机制。一旦发现项目中存在的问题和挑战，需要及时进行识别和解决。可以通过设立问题反馈渠道、建立问题跟踪记录等方式，及时收集和记录项目中存在的问题，并逐一进行分析和解决，确保问题得到及时解决，不影响项目的正常推进。

第三，还需要建立持续改进的文化氛围。通过教育培训、知识分享、团队建设等方式，培养团队成员的持续改进意识和能力，使其能够积极参与到项目的持续改进过程中来。建立良好的团队合作氛围和沟通机制，促进团队成员之间的积极互动和信息共享，为持续改进提供坚实的基础。

（二）加强监测和评估

在数字化时代教育管理创新中，加强监测和评估是确保项目顺利推进和取得预期效果的关键一环。为了有效地进行监测和评估，可以采取以下几项措施。

1. 数据收集与分析

建立有效的数据收集与分析机制对于质量管理体系的完善至关重要。这一机制旨在及时收集项目实施过程中产生的各类数据，并通过数据分析工具和方法对这些数据进行深入分析，从中发现项目存在的问题和隐患，为后续的改进提供依据和支持。

第一，有效的数据收集机制是确保数据质量和可靠性的基础。在项目实施过程中，应建立规范的数据收集流程和标准化的数据收集表单，明确数据的来源、内容和采集频率。这样可以确保数据的完整性、准确性和一致性，为后续的数据分析提供可靠的数据基础。

第二，数据分析工具和方法的选择至关重要。针对不同类型的数据和分析目的，可以选择合适的数据分析工具和方法，例如统计分析、数据挖掘、机器学习等。通过这些工具和方法，可以对数据进行多维度、深入地分析，挖掘数据中隐藏的信息和规律，发现项目存在的问题和改进的空间。

第三，数据分析过程中需要重视数据可视化的应用。数据可视化可以将抽象的数据信息以图形化的方式呈现出来，更直观地展现数据的特征和趋势，帮助管理者更好地理解数据，做出科学决策。常用的数据可视化工具包括折线图、柱状图、饼图、热力图等，可以根据不同的数据类型和分析需求选择合适的可视化方式。

第四，建立持续改进的机制，将数据收集与分析作为一个持续改进的过程。根据数据分析的结果，及时调整和优化项目的管理措施和实施策略，不断提升项目的质量和效果。同时，定期审查和评估数据收集与分析的效果，发现问题并及时进行改进，保持机制的持续有效性。

2. 定期评估和检查

定期评估和检查是质量管理体系中至关重要的环节，旨在确保项目的顺利实施和达到预期效果。通过设立定期的项目评估和检查机制，可以全面了解项目的进展情况和效果，并及时发现问题，采取相应措施加以解决，从而提高项目的质量和效率。

首先，评估人员应根据项目的计划和目标制定评估标准和指标。这些评估标准和指标应涵盖项目的各个方面，包括项目进度、成本控制、质量管理、风险管理等，既有定量指标也有定性指标，以全面评估项目的整体状况。

其次，评估人员需要进行定期的评估和检查，以确保项目按照预期目标和要求顺利进行。评估周期可以根据项目的特点和实际情况确定，可以是每月、每季度或每半年进行一次评估。在评估过程中，评估人员可以采用多种方法，包括文件审查、现场检查、访谈调查等，收集项目的相关信息和数据。

通过定期的评估和检查，评估人员可以及时发现项目中存在的问题和隐患，并采取相应的措施加以解决。例如，如果发现项目进度滞后，可以采取加班加点、优化资源配置等措施加快项目进度；如果发现成本超支，可以采取控制成本、调整预算等措施降低成本。评估人员还可以根据评估结果，总结经验教训，提出改进建议，为项目的持续改进提供支持和保障。

3. 反馈和改进

建立反馈机制是质量管理体系中的关键环节，旨在及时收集项目参与者和相关利益相关者的意见和建议，从而帮助评估人员全面了解项目的实施情况和效果。通过有效的反馈机制，可以及时发现问题和挑战，并采取相应的措施解决问题，从而不断改进项目的质量和效果。

第一，评估人员应建立多样化的反馈渠道，包括但不限于面对面会议、电子邮件、在线调查、定期问卷调查等方式，以确保项目参与者和利益相关者能够方便地提供反馈意见。此外，也可以建立匿名反馈机制，鼓励参与者积极分享意见和建议，确保反馈信息的真实性和客观性。

第二，评估人员应认真对待收集到的反馈信息，及时进行分析和总结。针对反馈信息中涉及的问题和建议，评估人员应制定相应的改进措施，并与相关团队成员进行沟通和协商，确定改进方案的具体实施方式和时间节点。这些改进措施可以包括调整项目计划、优化资源配置、加强团队培训等，以解决问题，提高项目的质量和效果。

第三，评估人员应对项目实施过程中的不足进行深入反思和总结，及时总结经验教训，并将其纳入持续改进的循环中。通过不断地反馈和改进，评估人员可以不断提升项目管理的水平和质量，确保项目能够达到预期目标和效果。

（三）提升团队专业素养和工作能力

团队的专业素养和工作能力直接影响着项目的质量和效果。为了保证数字化时代教育管理创新的质量，需要采取以下几项措施来提升团队的专业素养和工作能力。

1. 专业培训和学习

为了保持团队成员的专业素养和工作能力，质量管理体系应定期组织相关领域的专业培训和学习活动。这些培训活动的目的是提升团队成员的专业技能和知识水平，使其能够紧跟时代的发展步伐，掌握最新的知识和技能。

专业培训和学习活动的内容应该广泛涵盖项目管理、技术应用、数据分析等方面。首先，针对项目管理方面，培训内容可以包括项目规划与执行、风险管理、沟通与协作等，以帮助团队成员掌握项目管理的基本理论和方法。其次，针对技术应用方面，可以开展针对性的技术培训，涵盖教育科技工具的应用、数字化平台的搭建与维护等内容，以提高团队成员在数字化时代的技术应用能力。最后，还可以组织数据分析相关的培训，包括数据收集与处理、统计分析方法等，帮助团队成员能够更好地利用数据支持项目管理和决策。

这些培训和学习活动可以通过多种形式进行，包括但不限于课堂教学、研讨会、在线学习平台等。通过灵活多样的培训方式，可以满足不同团队成员的学习需求和学习习惯。同时，还可以邀请相关领域的专家和学者进行专题讲座，分享最新的理论研究和实践经验，拓宽团队成员的学术视野和思维方式。

2. 经验交流和分享

建立团队内部的经验交流和分享机制是促进团队学习和发展的重要途径。在数字化时代教育管理创新中，团队成员往往拥有各自丰富的实践经验和宝贵的教训，通过经验交流和分享，可以更好地利用这些经验和教训，提高项目管理的水平和效率。

第一，经验交流和分享机制可以促进团队成员之间的学习和成长。通过分享项目实施中的成功经验和失败教训，团队成员可以相互借鉴、学习，吸收他人的经验和智慧，不断提升自己的工作能力和专业素养。这种相互学习和成长的氛围有助于打破团队成员之间的隔阂和壁垒，增强团队凝聚力和合作意识。

第二，经验交流和分享机制可以避免重复犯错，提高项目管理的效率和质量。通过分享项目实施中的失败案例和教训，团队成员可以及时了解到项目中存在的问题和风险，避免重蹈覆辙，从而提高项目管理的水平和效率。同时，通过分享成功经验，可以总结出有效的管理方法和策略，为项目的顺利实施提供参考和借鉴，提高项目的成功率和成效。

第三，经验交流和分享机制还可以促进团队内部的沟通和协作。通过经验交流和分享活动，团队成员可以更加深入地了解彼此的工作方式和思维模式，增进相互之间的信任和理解，从而提高团队的协作效率和项目的执行力。通过开展经验交流和分享活动，可以打破部门之间的信息壁垒，促进全员共享，形成项目管理的合力。

二、质量保证实施过程中的问题分析与改进建议

（一）资源不足、人员短缺导致项目实施困难

在数字化时代教育管理创新的实施过程中，资源不足和人员短缺往往是常见的挑战之一。这种情况下，项目可能会面临进展缓慢、效果不佳等问题，影响整体的质量和效果。资源不足可能包括资金、技术设备、人力资源等方面的不足，而人员短缺则可能是指缺乏具备必要技能和经验的专业人才。

为了解决资源不足和人员短缺导致的问题，可以采取以下改进建议。

1.加强项目管理和资源调配

加强项目管理和资源调配是确保数字化时代教育管理创新项目顺利实施的关键环节。在建立有效的项目管理机制方面，首先需要制定详细的项目计划和进度安排。这包括明确项目的目标和里程碑，确定项目的时间节点和工作任务，确保项目的整体进展符合预期。

其次，项目管理还需要明确资源需求和分配。通过对项目所需资源的充分调查和评估，包括人力资源、物质资源和财务资源等，确保项目实施过程中各项资源的充足供给。在资源分配方面，需要根据项目的实际需求和优先级，合理配置资源，确保每个环节都能够得到必要的支持和保障。

再次，建立有效的项目管理机制还需要建立清晰的责任体系和沟通机制。明确每个成员的工作职责和权限范围，确保各项任务能够有序开展，并及时解决可能出现的问题和挑战。同时，建立良好的沟通机制，保持团队成员之间的信息畅通，及时交流工作进展和问题解决方案，提高团队协作效率和项目执行力。

最后，在实践中，项目管理的成功离不开有效的资源调配。资源调配需要根据项目的实际情况灵活运用各种资源，包括人力资源、物质资源、财务资源等，以最低的成本获得最大的效益。通过科学的资源管理和调配，可以充分利用现有资源，解决可能存在的资源不足问题，确保项目能够按照计划顺利推进。

2. 引入外部资源和人才

在数字化时代教育管理创新项目实施过程中，引入外部资源和人才是一种常见且有效的策略，可以帮助弥补内部资源不足的情况，提升项目的执行力和效率。外部资源和人才的引入可以通过多种方式实现，其中包括与其他机构或企业的合作、资源共享，以及外包专业技能和经验等方式。

一方面，与其他机构或企业进行合作，共享资源和人力是一种常见的方式。通过建立合作关系，可以共同利用各自的资源和优势，共同推进项目的实施。例如，可以与技术公司合作，共同开发教育管理创新的数字化解决方案；也可以与学术机构合作，共同开展研究和实验，促进项目的创新和发展。这种合作模式可以有效地整合外部资源，提高项目的执行效率和成果质量。

另一方面，通过外包的方式获得专业技能和经验也是一种常见的做法。外包可以帮助项目获取特定领域的专业知识和经验，弥补内部团队在某些方面的不足。例如，可以将项目中的特定任务或环节外包给专业的服务提供商，如软件开发公司、咨询机构等，以获得他们的专业技能和经验。这样可以有效地降低项目实施的风险和成本，提高项目的执行效率和质量。

3. 建立稳定的项目团队

建立稳定的项目团队是数字化时代教育管理创新项目成功实施的关键因素之一。稳定的团队能够保持连续性和专注度，有助于项目的顺利推进和高效执行。为了确保项目团队的稳定性和完整性，可以采取一系列措施，包括培训、激励，以及建立良好的团队文化和沟通机制等。

首先，通过定期的培训和专业知识的提升，可以提高团队成员的专业素养和工作能力，增强其对项目的投入和责任感。培训可以涵盖项目管理、技术应用、沟通协作等方面的内容，使团队成员能够紧跟时代发展，掌握最新的知识和技能。通过不断学习和提升，团队成员能够更好地适应项目的需求和挑战，保持竞争力和创新力。

其次，激励措施也是维护项目团队稳定性的重要手段之一。通过提供合理的薪酬待遇、晋升机会，以及其他福利待遇，可以激发团队成员的工作动力和积极性，增强其对项目的忠诚度和归属感。此外，公平公正的激励机制还可以促进团队内部的竞争与合作，激发团队成员的创造力和团队凝聚力。

最后，建立良好的团队文化和沟通机制也是维护项目团队稳定性的重要保障。通过营造和谐融洽的工作氛围，鼓励团队成员之间的相互尊重和信任，可以增强团队的凝聚力和协作能力。同时，建立高效的沟通机制，保持团队成员之间的信息畅通和交流互动，有助于及时解决问题、减少误解，确保项目的顺利推进和高效执行。

4.优化流程和机制

优化流程和机制是数字化时代教育管理创新项目成功实施的重要策略之一。通过不断优化项目管理流程和工作机制，可以提高工作效率和质量，加速项目实施进程，确保项目能够按时完成并达到预期效果。为了实现这一目标，可以采取一系列措施，包括引入先进的管理工具和技术、自动化和标准化项目管理流程等。

首先，引入先进的管理工具和技术是优化流程和机制的关键步骤之一。利用项目管理软件、在线协作平台、数据分析工具等先进技术，可以实现对项目各个环节的有效监控和管理。这些工具和技术可以帮助项目团队实时跟踪项目进展、分析数据、进行沟通协作，提高工作效率和质量。

其次，自动化和标准化项目管理流程是优化流程和机制的重要手段之一。通过制定和执行标准化的项目管理流程，确保项目各个环节的顺畅衔接和高效执行。同时，借助自动化工具和系统，可以实现对项目流程的自动化管理，减少人工干预，降低错误率，提高工作效率。

最后，定期的流程审查和改进也是优化流程和机制的必要步骤。项目团队应定期对项目管理流程进行审查和评估，发现存在的问题和不足，并及时采取改进措施。通过持续的流程改进，不断优化项目管理流程和工作机制，提高项目管理的水平和效率。

（二）技术风险、安全风险需要有效应对

在数字化时代教育管理创新中，技术风险和安全风险是常见的挑战，可能会对项目的质量和效果造成不利影响。技术风险主要指与技术应用相关的问题，如系统故障、数据丢失等；而安全风险则涉及信息安全、网络安全等方面的问题，如数据泄露、网络攻击等。

为了应对技术风险和安全风险，可以采取以下改进建议。

1. 风险评估和管理

在数字化时代教育管理创新项目中，风险评估和管理是确保项目成功的重要步骤之一。在项目启动阶段，进行全面的风险评估是至关重要的，这有助于识别潜在的技术风险和安全风险，及时采取措施加以应对。针对这些风险，制定相应的风险管理计划是必不可少的，其中包括明确风险的应对措施和责任人，建立监测和预警机制，以及制定应急预案等。

第一，全面的风险评估需要对项目可能面临的各种风险进行深入分析和识别。这包括技术风险、安全风险、市场风险等各方面的风险因素。通过对项目整体环境和相关因素的分析，可以确定可能出现的风险，并对其进行分类和评估。

第二，针对识别出的风险，需要制定相应的风险管理计划。这包括明确风险的应对措施和责任人，制定详细的应急预案和执行方案，以及建立监测和预警机制。通过建立这些机制，可以及时发现和应对可能出现的风险，降低风险对项目进展的影响。

第三，风险管理还需要与项目其他方面的管理相结合，形成一个完整的管理体系。这包括与质量管理、进度管理、成本管理等方面的管理相结合，形成一个全面的项目管理体系，从而实现对项目的全方位管理和控制。

2. 技术保障和优化

在数字化时代教育管理创新项目中，技术保障和优化是确保项目顺利实施

和取得预期效果的重要环节。为了提高系统的稳定性和安全性，必须加强对项目技术的研发和应用。这涉及采用先进的技术手段和工具，加强对系统的监控和管理，以及及时发现和解决技术问题，确保系统的正常运行和数据的安全性。

第一，对项目技术的研发和应用需要注重系统的稳定性。这包括确保系统能够在各种复杂环境下稳定运行，不受外部因素的干扰。通过采用可靠性高的硬件设备和稳定性强的软件平台，以及进行系统架构的优化和调整，可以提高系统的稳定性，降低因技术问题导致的系统故障和停机时间。

第二，技术保障和优化也需要注重系统的安全性。在数字化时代，信息安全问题日益突出，对教育管理创新项目来说，保护用户的隐私信息和敏感数据至关重要。因此，必须采取有效的安全措施，包括加密技术、访问控制、漏洞修补等，确保系统免受恶意攻击和非法访问。

第三，加强对系统的监控和管理也是技术保障和优化的重要内容。通过部署监控系统和管理工具，可以实时监测系统运行状态和性能指标，及时发现并解决潜在的技术问题。同时，建立定期的技术检查和维护机制，对系统进行定期检查和维护，保证系统运行的稳定性和安全性。

3. 加强信息安全管理

加强信息安全管理是数字化时代教育管理创新项目中至关重要的一环。建立健全的信息安全管理制度和安全政策是确保项目运行安全稳定的基础。其中，关键措施包括数据加密、访问控制、漏洞修补等，旨在加强对敏感信息和关键数据的保护，以防止数据泄露和非法访问。

第一，建立健全的信息安全管理制度至关重要。这包括明确信息安全管理的责任部门和人员，确立信息安全管理的工作流程和操作规范，制定信息安全相关的政策、制度和标准。建立信息安全委员会或专门的安全团队，负责监督和协调信息安全管理工作，确保制度的贯彻执行和有效运行。

第二，加强对敏感信息和关键数据的保护。这包括对敏感信息和关键数据进行加密存储和传输，采用加密算法对数据进行加密，确保数据在传输和存储过程中的安全性。同时，建立完善的访问控制机制，限制用户对敏感信息和关键数据的访问权限，确保只有授权人员才能访问和操作相关数据。

第三，及时修补系统漏洞也是保障信息安全的重要措施。定期进行系统漏洞扫描和安全检查，及时发现系统存在的安全漏洞和问题，并及时修补漏洞，提高系统的安全性和稳定性。同时，建立漏洞修补的应急响应机制，确保在发现漏洞后能够及时采取措施进行修补，降低安全风险。

（三）沟通不畅、协作困难影响项目质量

在数字化时代教育管理创新项目中，沟通不畅和协作困难可能会成为阻碍项目顺利推进的重要因素，从而影响项目的质量和效果。为了解决这一问题，可以采取以下改进建议。

1. 建立有效的沟通机制

建立有效的沟通机制对于数字化时代教育管理创新项目的成功实施至关重要。一个明确的沟通渠道和机制可以确保信息的畅通和及时传递，从而促进团队成员之间的有效沟通，提高工作效率，减少沟通误解和问题发生的可能性。

第一，建立明确的沟通渠道是至关重要的。在项目启动阶段，应明确各种沟通渠道，包括定期会议、邮件、即时通信工具（如 Slack、Microsoft Teams 等）等，以及沟通频率和方式。通过这些沟通渠道，团队成员可以随时了解项目的最新进展、问题和解决方案，确保信息的及时传递和共享。

第二，定期组织项目会议是加强沟通的有效方式之一。在会议中，可以就项目的目标、进展、问题、风险等进行全面的讨论和交流，各方能够共同制定解决方案，并确保每个人都了解项目的最新情况和任务分配。此外，会议还可以促进团队成员之间的交流和互动，增强团队凝聚力和合作意识。

第三，利用邮件和即时通信工具进行沟通也是必不可少的。通过邮件，可以将重要信息和文件发送给相关人员，并记录沟通内容，以备查阅。而即时通信工具则可以实现即时沟通，快速解决问题，提高工作效率。

除了以上方法，还可以建立在线沟通平台，如项目管理工具或团队协作平台，集中管理项目相关信息和沟通记录，提高信息的透明度和可查性。这样做有助于减少信息丢失和误解，确保团队成员都能够获取到所需的信息。

2. 加强团队协作和配合

加强团队协作和配合是确保数字化时代教育管理创新项目顺利进行和取得成功的关键要素之一。团队成员之间的合作和配合可以提高工作效率，提高项目的

执行力和质量。为了实现良好的团队协作和配合，需要采取一系列措施来建立积极向上的工作氛围，促进团队成员之间的互助和配合。

第一，强调团队合作的重要性。在项目启动阶段，应该明确向团队成员传达团队合作的重要性，并强调只有通过团队合作才能实现项目的成功。建立一个共同的目标意识，让团队成员知道他们的工作对项目的整体目标至关重要，从而激发团队成员的合作意识和积极性。

第二，建立积极向上的工作氛围。通过组织团队活动、举办团队建设培训等方式，营造一个积极向上、充满活力的工作氛围，鼓励团队成员之间相互支持和帮助。团队领导者也应该以身作则，树立榜样，引导团队成员共同努力，共同成长。

第三，建立明确的团队协作机制也是至关重要的。通过明确团队成员的角色和责任，建立清晰的沟通渠道和工作流程，可以促进团队成员之间的互助和配合。团队成员应该清楚自己的任务和目标，并与团队其他成员紧密配合，共同完成项目任务。

第四，定期组织团队会议也是加强团队协作和配合的有效方式。在会议上，团队成员可以分享工作进展、交流问题和解决方案，共同制定下一阶段的工作计划，从而增强团队成员之间的沟通和理解，提高团队的协作效率。

3. 建立项目管理工具和平台

建立项目管理工具和平台是为了提高数字化时代教育管理创新项目的管理效率和质量，以及促进团队成员之间的协作和沟通。通过利用项目管理软件或在线协作平台，可以实现项目信息和文件的集中管理、任务的分配和跟踪、问题的解决等功能，从而提高团队的工作效率和质量。

第一，建立项目管理工具和平台有助于统一管理项目信息和文件。这些工具提供了集中存储和管理项目相关文档、资料和数据的功能，团队成员可以通过平台随时查看和获取所需信息，避免信息分散和不统一的问题，提高工作效率。

第二，通过项目管理工具和平台，可以实现任务的分配和跟踪。项目经理可以根据项目计划和任务需求，将任务分配给相应的团队成员，并设定任务的截止日期和优先级。团队成员可以通过平台查看自己被分配的任务，并及时更新任务进展情况，项目经理可以随时了解任务执行情况，及时调整项目进度。

第三，建立项目管理工具和平台还可以促进团队成员之间的协作和沟通。这些工具提供了实时在线协作的功能，团队成员可以通过平台进行交流、讨论和分享，及时解决问题和调整方案。此外，一些平台还提供了任务评论和反馈的功能，团队成员可以随时向他人提出问题或给予建议，促进团队成员之间的互动和合作。

第八章

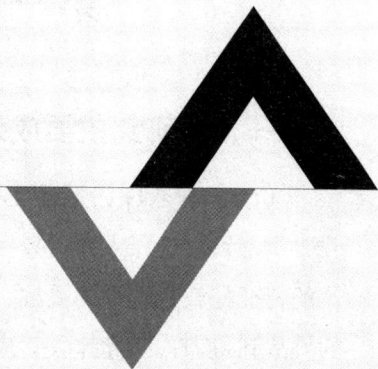

总结与展望

第一节　总结研究结果

一、对研究主要成果的总结与概括

（一）深入探讨数字化时代教育管理创新的理论框架

本书致力于深入探讨数字化时代教育管理创新的理论框架，以应对数字化时代的特征与教育管理的挑战。在数字化时代的背景下，教育管理面临着日益复杂的挑战和机遇，因此建立适应性强、创新性突出的理论框架至关重要。首先，我们通过对数字化时代特征和教育管理创新的关系进行深入剖析，明确了教育管理需要与时俱进、灵活应变的理论观点。数字化时代的快速发展和广泛应用不仅改变了教育的形式和内容，也对教育管理提出了新的要求，需要教育管理者具备更高的信息化、智能化素养，以适应数字化时代的发展趋势。

基于对数字化时代的认识，我们进一步界定了数字化时代教育管理创新的关键要素。这些要素包括数字技术应用、管理理念更新、组织结构优化等方面。数字技术的广泛应用已经成为教育管理创新的核心驱动力之一，从信息化办公到智能化教学管理系统的建设，数字技术正深刻改变着教育管理的方式和效率。与此同时，教育管理理念也在数字化时代发生着转变，强调以学生为中心、个性化教育、全面发展等新理念正在逐渐取代传统的管理观念。此外，组织结构的优化和创新也是数字化时代教育管理创新的重要组成部分，通过灵活的组织结构和机制设计，能够更好地适应数字化时代的需求，提高管理的效率和质量。

针对数字化时代教育管理创新的具体实施过程，我们进行了深入的探讨和分析。我们提出了一套系统完备的流程模型，从问题识别、方案设计到实施评估等多个环节进行了系统分析。在教育管理创新的过程中，及时准确地识别问题、科学合理地设计解决方案、有效地实施和持续评估都至关重要。我们的流程模型为教育管理实践者提供了具体操作指南，有助于促进管理创新的落地与实现。

（二）详细分析数字技术在教育管理中的应用

本书对数字技术在教育管理中的应用进行了详细分析，涵盖了学校管理、课程设计以及学生评估等多个方面。首先，在学校管理领域，我们深入探讨了数字技术的应用。通过信息化办公系统的建设，学校管理者可以实现办公流程的电子化和自动化，大大提高了管理效率。同时，数字化的学生信息管理系统能够实现对学生信息的全面管理和动态跟踪，为学校提供了重要的数据支持。此外，校园安全监控系统的应用也极大增强了学校安全管理的能力，及时发现并处理各类安全隐患，保障师生的安全。

其次，我们对数字技术在课程设计领域的应用进行了深入探讨。通过建设在线教学平台，教师可以实现线上教学资源的共享和互动式教学的开展，为学生提供了更加灵活、丰富的学习方式。同时，数字化的教学资源和个性化学习推荐系统，能够根据学生的学习情况和需求，为其提供个性化的学习路径和内容，有效提升了教学质量和学习效果。这些数字化的教学手段不仅丰富了教学形式，也拓展了学习空间，为学生提供了更广阔的学习机会。

最后，我们还分析了数字技术在学生评估方面的应用。通过数字化的考试管理系统，学校可以实现考试流程的规范化和自动化，减轻教师的管理负担，同时提高了评估的客观性和公正性。学业跟踪系统的应用，则可以实现对学生学业发展情况的及时监测和评估，帮助教师更好地了解学生的学习状态，进行个性化的教学指导。此外，综合评价系统的建设，能够综合考虑学生的学习成绩、综合素质等方面的表现，为学校领导和教育决策提供科学的数据支持，推动教育质量的提升。

（三）提出数字化时代教师专业发展的相关策略与方法

针对数字化时代教师专业发展的需求，本书提出了一系列相关策略与方法，以促进教师在数字化时代背景下的专业能力提升和持续发展。首先，我们强调了教师需要具备的新技能和新素养，包括信息技术应用能力、创新教学设计能力、跨学科教学能力等。教师在数字化时代需要具备运用信息技术进行教学的能力，能够灵活运用各种数字工具和平台，设计和开展创新的教学活动，以及能够跨学科整合知识，促进跨学科的综合教学。

其次，我们分析了数字化时代教师培训与发展的现状与问题，并提出了相应的解决方案。针对教师培训模式的问题，我们建议采取多元化的培训方式，包括线上线下结合、集中培训与个性化培训相结合，以满足不同教师的需求。在课程设置方面，我们建议加强对信息技术、创新教学设计、跨学科教学等方面的培训内容，以提升教师在数字化时代的应对能力。同时，针对评价机制的问题，我们建议建立科学合理的评价体系，包括对教师培训效果的评估和反馈机制，以及对教师专业发展的长期跟踪和支持机制。

最后，本书还就数字化时代教师专业能力提升提出了相关建议。我们建议建立完善的教师继续教育体系，包括为教师提供多样化的学习机会和资源，鼓励教师参与各类教育培训和学习活动。我们也建议鼓励教师参与科研与实践项目，提升教师的实践能力和创新能力，促进教育教学的不断创新与发展。我们还建议加强对教师专业发展的政策支持，包括加大对教育培训的投入力度，完善相关政策法规，为教师专业发展提供良好的政策环境和保障。

二、研究中存在的不足与改进方向

（一）研究范围可能过于宽泛，导致深度不够，未能深入探讨某些特定领域的细节问题

在研究范围的设定上，我们意识到可能存在过于广泛的情况，导致对数字化时代教育管理某些特定领域的细节问题探讨不够深入。这一问题在于，数字化时代涵盖了众多新技术和应用领域，而我们的研究可能未能对其中的某些新兴技术在教育管理中的应用进行足够深入的分析，这些新技术可能对教育管理产生重大影响。

为了解决这一问题，我们需要进一步明确研究的重点与范围。这意味着可以选择特定领域或特定问题进行深入研究，而不是泛泛涉及所有可能的领域。通过缩小研究范围，我们可以更加集中精力，深入挖掘特定领域的核心问题，从而提高研究的深度和准确性。

为了更好地理解特定领域的实际情况和问题，我们可以采用深度访谈、案例研究等方式进行研究。深度访谈可以帮助我们与实际从业者、专家进行深入交流，了解他们在特定领域的经验和见解；而案例研究则可以通过具体案例的分析，深入剖析特定问题的本质和解决方法，为研究提供更加具体和实践性的

支持。

（二）在实证分析方面，缺乏大规模、长期的实证数据支持，部分结论可能缺乏说服力

我们在实证分析过程中可能存在数据来源不足、样本规模较小或时间跨度较短等问题，导致研究结论的可信度和说服力不够。部分结论可能受到数据局限性的影响，缺乏充分的实证支持。

为解决这一问题，我们可以采取更加科学严谨的研究方法，如开展大规模、长期的实证研究，收集更加全面和可靠的数据。同时，可以借助现有的教育管理数据库或平台，获取大规模的实证数据，从而提高研究的可信度和说服力。

（三）对于数字化时代教育管理创新评估与质量保证方面的研究还不够深入，需要进一步完善评估指标体系和质量保证机制

在当今数字化飞速发展的背景下，教育管理领域的创新评估与质量保证机制的研究仍面临显著的挑战和不足。尽管技术进步为教育管理带来了前所未有的机遇，但如何科学、系统地评估这些创新的有效性和质量，依然是学术界和实践者亟须解决的问题。在应对当前教育管理领域面临的挑战时，我们迫切需要对数字化时代背景下的教育管理创新进行更为深入和系统的研究。这一研究的核心在于构建一套科学、合理且具有前瞻性的评估指标体系以及质量保证机制。通过这样的体系，我们不仅能够更准确地衡量教育管理创新的效果，还能够为未来的教育改革提供坚实的理论基础和实践指导。为了实现这一目标，我们应当采用多种研究方法，包括但不限于案例研究、专家访谈以及定量分析等。通过案例研究，我们可以深入了解不同教育机构在数字化转型中的成功经验和面临的挑战，从而为构建评估指标体系提供宝贵的实证数据。专家访谈则可以为我们提供来自学术界和行业专家的深刻见解，帮助我们理解教育管理创新的复杂性和多样性。此外，我们还应关注如何将这些研究成果转化为实际操作指南，以提升研究的学术价值和实践指导性。这意味着我们需要在研究过程中，不仅关注理论的构建，还要注重其实际应用的可行性和效果。通过不断完善和调整评估与质量保证的相关内容，我们可以确保研究成果能够真正服务于教育管理的实际需求，推动教育管理创新在数字化时代的持续进步。

第二节　展望未来发展方向

一、数字化时代教育管理创新的未来发展趋势

数字化技术将继续深入教育管理各个领域，智能化、个性化、数据化将成为未来发展的重要趋势。随着人工智能、大数据、云计算等新一代信息技术的不断发展，数字化时代的教育管理将更加智能化和高效化。智能化技术将带来更加个性化的教育管理服务，针对不同学生的特点和需求，提供定制化的教学方案和服务。数据化技术则将实现对教育数据的深度挖掘和分析，为决策者提供科学依据和精准预测，促进教育管理的精细化和精准化。

教育管理模式将更加注重以学生为中心的理念，注重个性化教学和学生发展全面素质。未来教育管理将更加关注学生的学习需求和发展路径，将学生置于教育的核心地位，实现以学生为中心的教育管理理念。个性化教学将成为教育管理的主要方向之一，通过数字技术和个性化学习平台，实现对学生的个性化诊断、个性化学习路径设计和个性化学习资源推荐，促进学生全面发展和个性化成长。

数字化时代教育管理创新将与人工智能、大数据等新技术深度融合，形成更加智能化和高效化的管理模式。未来教育管理将充分利用人工智能和大数据等新技术，实现教育管理的智能化和自动化。人工智能将应用于教学过程的智能辅助、教学内容的智能推荐、学生学习情况的智能诊断等方面，大数据技术将用于教育数据的分析挖掘、教育决策的精准化和教育资源的优化配置，从而提升教育管理的效率和质量。

二、未来研究方向与重点建议

第一，加强对数字技术在教育管理中的深入研究，特别是人工智能、大数据等前沿技术在教育管理中的应用与效果评估。未来研究应重点关注数字技术在教育管理各个环节的应用效果，深入分析其对教育管理模式、教学方式和学生学习效果等方面的影响，为数字化时代教育管理的实践提供理论支持和实证研究。

第二，深入探讨数字化时代教师专业发展的路径与机制，促进教师专业能力的全面提升。未来研究应关注数字化时代教师专业发展的需求和挑战，探讨教师专业发展的新路径和机制，提出有效的教师培训和发展策略，促进教师在数字化时代的专业能力提升和教育教学水平的提高。

第三，加强对数字化时代教育管理创新评估与质量保证的研究，建立科学的评估体系与质量保证机制，确保教育管理创新的效果和质量。未来研究应致力于建立科学合理的评估体系和质量保证机制，对数字化时代教育管理创新的效果和质量进行全面评估和监测，为教育管理创新提供可靠的数据支持和质量保障。

第四，积极推动国际合作与交流，借鉴国外先进经验，促进我国数字化时代教育管理创新的国际化水平。未来研究应加强国际合作与交流，积极借鉴国外先进经验和成功做法，吸收国际前沿理论和技术成果，促进我国数字化时代教育管理创新的国际化水平，为构建世界一流教育体系贡献中国智慧和中国方案。

参考文献

[1] 易琳.学习践行党的二十大精神推动成人高等教育高质量发展 [J].北京宣武红旗业余大学学报，2023（1）：37-40，53.

[2] 尚俊杰，李秀晗.教育数字化转型的困难和应对策略 [J].华东师范大学学报（教育科学版），2023，41（3）：72-81.

[3] 薛二勇，李健，黎兴成.推进中国教育数字化的战略与政策 [J].中国电化教育，2023（1）：25-32.

[4] 许世华，曹军，曾友.高等教育信息化建设的实践途径探索 [J].中国管理信息化，2023，26（2）：236-238.

[5] 李海伟，王龚，陆美晨.教育数字化转型的路径探索与上海实践 [J].华东师范大学学报（教育科学版），2023，41（3）：110-120.

[6] 张丽明，李思维.智能技术支持下的新型教育资源建设研究 [J].中国管理信息化，2023，26（2）：239-241.

[7] 雷朝滋.推进教育数字化的实践探索与实施路径浅析 [J].大学与学科，2022，3（4）：1-8.

[8] 曹春静.数字化战略下汉语国际教育人才培养路径研究 [J].汉字文化，2023（3）：86-89.

[9] 朱永新.实施科教兴国战略，办人民满意教育：学习中共二十大关于教育问题的论述 [J].教育家，2022（43）：5-6.

[10] 魏宁.2023，教育数字化的新尝试，新起点 [J].中国信息技术教育，2023（1）：15.

[11] 刘强.智能制造理论体系架构研究 [J].中国机械工程，2020（1）：24-36.

[12] 阮为，刘育蓓，郎樱，等.自主构建移动教学平台促进学生个性发展的实践研究 [J].现代教学，2018（3）：116-119.

[13] 肖峰.认知的算法阐释：人工智能对当代认识论研究的启示 [J].学术界，2021（10）：67-78.

[14] 刘晓东，丁国勇.美国一流大学数据治理的研究与启示———以范德堡大学为例 [J].江苏高教，2020（3）：120-124.

[15] 叶雨婷.教育的未来向"数字"而来 [N].中国青年报，2023（5）：2-27.

[16] 祝智庭，胡姣.教育数字化转型的本质探析与研究展望 [J].中国电化教育，2022（4）：18.

[17] 赵磊磊，代蕊华，赵可云.人工智能场域下智慧校园建设框架及路径 [J].中国电化教育，2020（8）：100-106.

[18] 张俊超，韩宝成.协同矩阵：院校研究发挥决策支持功能的组织结构 [J].高等教育研究，2022（7）：64-68.

[19] 马伟国.中小企业数字化转型的现状问题与对策 [J].现代企业，2023（6）：68-70.

附　录

附录一　在线问卷调查

尊敬的学生：

为了全面了解您的综合素质情况，我们诚挚地邀请您参与本次在线问卷调查。您的参与对我们的工作至关重要，我们将严格保密您的个人信息，并对您的回答进行认真分析和处理。请您根据实际情况如实填写，谢谢您的配合！

1. 个人信息（请填写）

（1）姓名：＿＿＿＿＿

（2）学号：＿＿＿＿＿

（3）年级：＿＿＿＿＿

（4）专业：＿＿＿＿＿

（5）性别：＿＿＿＿＿＿

（6）年龄：＿＿＿＿＿＿

2. 学习态度

请您根据以下描述，选择最符合您的情况：

（1）在课堂上，我积极参与讨论和互动。

非常符合（　）

符合（　）

一般（　）

不太符合（　）

不符合（　）

（2）我对学习新知识和技能感兴趣，愿意主动探索。

非常符合（　）

符合（　）

一般（　）

不太符合（　）

不符合（　）

（3）我在课余时间会自主学习相关领域的知识。

非常符合（　）

符合（　）

一般（　）

不太符合（　）

不符合（　）

3. 社交能力

请您根据以下描述，选择最符合您的情况：

（1）我善于与他人沟通交流，能够有效表达自己的观点和想法。

非常符合（　）

符合（　）

一般（　）

不太符合（　）

不符合（　）

（2）我在团队合作中能够积极配合，愿意倾听和接受他人的意见。

非常符合（　）

符合（　）

一般（　）

不太符合（　）

不符合（　）

4. 领导能力

（1）请您根据以下描述，选择最符合您的情况：

我能够组织和领导团队完成任务，并有效协调团队内部关系。

非常符合（　）

符合（　）

一般（ ）

不太符合（ ）

不符合（ ）

（2）我在组织活动或项目中能够有效发挥领导作用，赢得团队成员的信任和尊重。

非常符合（ ）

符合（ ）

一般（ ）

不太符合（ ）

不符合（ ）

5.创新能力

（1）请您根据以下描述，选择最符合您的情况：

我能够灵活运用知识和技能，提出创新性的想法和解决方案。

非常符合（ ）

符合（ ）

一般（ ）

不太符合（ ）

不符合（ ）

（2）我对新事物充满好奇心，勇于尝试和探索未知领域。

非常符合（ ）

符合（ ）

一般（ ）

不太符合（ ）

不符合（ ）

（请在以上描述后选择相应答案，并可根据实际情况自由发挥补充）

附录二　培训课程效果评估问卷

亲爱的教师同仁：

感谢您参加本次教师培训课程。为了不断改进我们的培训内容和方式，我们诚挚邀请您填写以下问卷，以评估本次培训课程的实施效果。您的反馈意见对我们至关重要，希望您能够如实填写。所有信息将严格保密，仅用于内部评估和改进目的。

1. 在本次培训课程中，您对课程内容的整体满意度如何？

非常满意（ ）

比较满意（ ）

一般（ ）

不太满意（ ）

很不满意（ ）

2. 您认为本次培训课程的内容是否与您的教学需求和实际工作相关？

非常相关（ ）

比较相关（ ）

一般（ ）

不太相关（ ）

完全不相关（ ）

3. 您对本次培训课程的教学方法和组织安排满意吗？

非常满意（ ）

比较满意（ ）

一般（ ）

不太满意（ ）

很不满意（ ）

4.请您评价本次培训课程对于提升您的教学能力和专业水平的效果。

非常有效（ ）

有效（ ）

一般（ ）

不太有效（ ）

无效（ ）

5.您认为本次培训课程中存在的问题和不足之处有哪些？请具体说明。

_____

_____

_____

6.您对于下次类似培训课程的期望和建议是什么？

_____

_____

_____

感谢您抽出宝贵的时间填写本问卷。您的意见和建议对我们非常重要。如果您愿意进一步交流或提供更多反馈，请在下方留下您的联系方式。再次感谢您的参与！

联系方式：_____